JN063441

ひろい大地で、大きな夢づくり

民間企業が十勝の子どもたちのためにできること

丹羽《にわ》祐介《ゆうすけ》
株式会社北海道パートナーズとかち
営業本部長

川合《かわい》佑介《ゆうすけ》
株式会社北海道パートナーズとかち
代表取締役

はじめに

星の数ほどある書籍の中から、私たちの本を手に取っていただきありがとうございます。

ひょんなことから、版元である株式会社ワニブックス様とのご縁ができたのが２０２３年の年の瀬。その後、まさか自分自身の本を実際に出すことになるとは夢にも思っていませんでした。

本書を出すにあたり、一番皆様にお伝えしたい内容は、何だろうかと悩みました。私なりに考えをまとめ、執筆を終えました。

最も伝えたかったことは、「現場の先生は大変なご苦労をされており、支援が必要なのだ」というシンプルなことです。

自分がなりたかった職業、「先生」。私の頭の中には、お世話になった「恩師の方々」の姿が、はっきりと過去の記憶に残されている反面、現場は勤務時間超過、コロナによる地域との関係性の希薄化、保護者からのプレッシャー……。関われば関わるほど、絶対に勤務時間内で終わらない仕事量をこなしている先生方の姿を目の当たりにしてきました。

働く場としてあまり良いとは言えないこうした環境であっても、なぜ先生という仕事が成り立つのか。多くの方が疑問に思われると思います。それを私個人の考えで言うなら、現場の先生方の「愛」でしかないと思います。自分なら、投げ出してしまいそうな仕事量でも、「子どもたちのために」と、愛を持って頑張っている先生方がたくさんいらっしゃいます。

私たち「北海道パートナーズとかち」は、帯広市を拠点に2023年3月に起業した社員6名の小さな会社です。保険代理店の事業と同時に、地域貢献事業として帯広・十勝地域の小中学校で出前授業や子どもたちの職場体験の運営を無償でお手伝いしています。おかげさまで十勝教育局、教育委員会、学校の先生方、子どもたち、あるいは関わった地域の皆様から感謝の言葉とともに好評をいただいております。

ただでさえ、忙しい現場の先生にとって、私たち民間企業としてできることは些細かもしれません。ただ執筆を通じて、36年間生きてきた私の経験すべてをかけて、先生方・地域の方々に「愛される会社」を目指していきたいと改めて決意した次第でございます。

どうしてできたてのベンチャー企業である私たちが、そこまで学校支援に力を入れるのか？　外から見ていると不思議に思う方も多いと思います。詳しくは本編をお読みいただきたく思います。

私が弊社の社員によく投げかける言葉があります。

「今日はお客様に喜んでもらえたかな？」

保険の営業でも、学校に対する事業でも共通ですが、出会った方々に向き合い、本当に人のために役立つことができたのかを大切にしております。目の前の仕事を頑張っている方々をこれからも応援していきたい。これから先、そんなメンバーが会社の中にひとりでも増え、事業が成長したならば、私の起業の想いは遂げられたのかもしれません。

本書は、私のビジネスパートナーである弊社営業本部長、丹羽祐介との対談形式で構成しています。地域とともに学校をどう支えていくか。人口減少などの社会課題に直面する地方でどのようにビジネスを展開していくのか――。手に取っていただいた方の参考になるかどうかはわかりませんが、何の地盤もない青年起業家が起こした挑戦をこれからも見守っていただければ幸いです。

川合佑介

ひろい大地で、大きな夢づくり ～民間企業が十勝の子どもたちのためにできること
もくじ

第1章 保険屋の私たちが学校で授業をするわけ……9

第4章 やり方さえ正しければ東京より稼げる！……137

第1章

保険屋の私たちが学校で授業をするわけ

MAKING BIG DREAMS
IN THE VAST LAND

保険も地域貢献も「本業」

川合　まずは私たちの自己紹介から。弊社、「株式会社北海道パートナーズとかち」は、保険代理店です。代表取締役は私、川合佑介。そして私のビジネスパートナーであり、今回の本で対談相手となるのが、取締役・営業本部長の丹羽祐介さんです。

会社は2023年3月に創立したばかり。私も丹羽さんもたまたま同じ外資の生命保険会社を経て独立。今の会社では、生命保険や損害保険、資産運用といったところで、個人のお客様、法人のお客様それぞれのニーズに合う保険商品を多数取り扱いながら、地域の皆様のご要望を聞き、お役に立つように日々活動しています。

私たちのホームグラウンドがどこにあるか、北海道以外にお住まいの読者も多いので改めて説明しましょう。丹羽さんが地元出身ということで、お願いします。

丹羽　改めまして、丹羽祐介でございます。

弊社がオフィスを構えているのは帯広市。どのあたりかピンとこない方もいると思うので、もう少し説明すると、北海道の南東部にある十勝地方の中心地で、人口は16万2254人。

道内の市では5番目の多さです(2024年1月末)。

川合　私は岐阜県の生まれで、大学進学時に北海道に来ました。一方、丹羽さんは生まれも育ちも帯広ですが、十勝のどんなところが好きですか。

丹羽　北海道というと確かにイメージ通り冬の寒さは厳しいのですが、帯広・十勝は「十勝晴れ」という言葉があるくらい意外に天候がカラッとしていて晴天の日も多いのです。冬場も日高山脈に雪雲がさえぎられていることもあるようですね。

川合　「十勝晴れ」は最高ですよね！　社会人になってから、北海道では、札幌、岩見沢、千歳とあちこちに住んできましたが、ここ帯広・十勝が私は一番気に入っています。

そんな素晴らしい土地で、私たちの会社は営業しているわけですが、公式サイト(https://hp-tokachi.co.jp/)の業務案内を見ていただくと、普通の保険代理店とは明らかに異なる特徴があることに目が留まると思います。

丹羽　弊社の事業は「二本柱」です。1本目の柱は「生命保険、損害保険業務」。個人や法人のお客様に合った商品を提案する保険代理店業務や、資産形成のコンサルティングをしているのは一目瞭然だと思いますが、保険の仕事と並ぶ2本目の柱として「地域貢献活動」を掲げております。こちらも本業なのです。

企業の地域貢献というとさまざまな形態があると思いますが、弊社北海道パートナーズとかちは、十勝地域にて小中学校の児童・生徒を対象に、職業体験の受け入れや出前授業を行っています。それも年1回学校にお邪魔するといった程度ではありません。

川合　創業した日と同日になりますが、2023年3月1日、弊社は北海道教育庁の十勝教育局と「家庭教育サポート企業等制度の協定」を締結し、学校の先生が行うことが難しい領域、外部の民間企業だからこそできる授業を実践して、エリア内の80を超える小中学校で職業体験や出前授業を展開してきました。もう年中行事というか、これもまた弊社の大事な「本業」なのです。

丹羽　締結からの1年だけでもいろいろな企画をやらせていただきました。例えば中学校では、実際に生徒たちが架空の企業を起業するという総合的な学習の時間にアドバイザーとして参画をしたり、小学校ではダンスの先生を派遣して全校生徒でダンスバトルを行ったり。しかし、共通しているのは、私たちが企画書を提出しているのではなく、現場の教員の方々から相談をいただいて、形にしているということです。

川合　そうですね。一般的に、保険屋さんが学校で出前授業となると、ファイナンシャルプランナーのような「お金に関するいろいろ」といったものがイメージしやすいと思います。私たちは普段職員室に出入りをして、教員の方々と直接コミュニケーションを取らせてもらい、こんなことをしてあげたい、こんなことってできるんですか、という現場の先生たちの生の声を頂戴し、形にするということをしています。

丹羽　仕事でも普段の生活でも、新型コロナウイルスの感染拡大により、仕方なく外部との関係が絶たれてしまいましたよね。集団感染の可能性へも配慮し、学校は特にその影響が強く、加えて教員の方々は定期的に異動もあるので、再びいろいろな縁を取り戻すことにとても苦労されている現状がありました。そういった背景からも、出前授業での講師派遣や各種調整業務は、学校の先生方からとても感謝されることが多いです。

川合　そしてもうひとつ、出前授業と同じように学校に対して私たちが行っているのが、「職場体験」のコーディネートですね。

丹羽　帯広市内で昭和2年（1927年）創業の「ふく井ホテル」という老舗ホテルがあるのですが、全面的なご協力をいただき、「職場体験」の受け入れを行っております。「職場体験」とは、子どもたちが実際の職場で大人と同じように働き、その経験を通じて仕事というものを学んでいく学習です。「ふく井ホテル」では、生徒がフロントのスタッフになって、宿泊客に扮した先生からの電話対応などに挑戦したり、ホテル2階のレストラン「バイプレーン」で、ホールやキッチンのスタッフを体験したりしています。

川合　職場体験の代表的な取り組みでは、もうひとつ、いかにも十勝ならではの特徴を生かしたものもあります。

十勝エリアの南西部に中札内村《なかさつないむら》という人口3800人ほどの村があります。日高山脈から流れ込む札内《さつない》川の流域にあり、村内には日本の国定公園で最も広い「日高山脈襟裳国定公園」の一部があるなど非常に自然が豊かです。

先ほど「十勝晴れ」の話が出ましたが、夏場はグランピングに最適な土地です。中札内には「フェーリエンドルフ」というグランピング場があって、こちらの施設でも全面的なご協力のもと、職場体験はもちろん、火起こし体験も行ったりしています。

丹羽　ほかにもシェフの食育授業や、地元のサッカークラブと連携して体育の授業に選手を派遣する出前サッカー教室なども行いました。このあたりは追い追いご紹介できればと思います。ここまでさまざまなバリエーションの授業に携わらせていただいたのは、決して私たちの企画力が優れているからではなく、現場の先生たちの頭の中に子どもたちにしてあげたいことがたくさんあるのに、形にするのが難しい環境だからだと感じています。

〝保険屋〟の私たちが学校で授業をするわけ

川合　私たちの会社での代表的な取り組みをご紹介したところで、皆さん必ずこう思うのでしょうね。「保険屋さんがなぜそこまで地元の学校に参画しているのか」と。一応、私自身は北海道教育大学の卒業ということで、かつては先生を志していたことはあるのですが……。

丹羽　私なんかに至っては、大学（札幌市の北星学園大学）は経済法学科でしたし、教職課程とも無縁の生活を送っていましたからね。人生何が起こるか本当にわからないものです（笑）。最初のきっかけは何だったのでしょうか。

川合　詳しい経緯はあとでお話ししたいと思いますが、私は外資系生保会社を辞めた直後に今の会社を立ち上げたわけではなくて、短い転職期間を経て２０２２年４月に入社したのが帯広にある「株式会社そら」です。この「そら」の時代に職場体験や出前授業に取り組んだことが、今の弊社の地域貢献事業の原点なのです。

「そら」はメディアに〝地方創生ベンチャー〟の異名で紹介されるなど地域活性で面白いことをやっています。先に職場体験の場所としてご紹介した「ふく井ホテル」「フェーリエンドルフ」は、そらがM&Aをして、観光やレジャーの新しい可能性を仕掛けています。

丹羽　保険業界にいた川合さんが地方創生をビジネスから仕掛けている「そら」に異業種転職した経緯は？

川合　いえ、最初は保険会社での経験を評価してもらっての入社でした。私は2020年に生命保険会社を退職してフリーとなり、保険代理店とコンサル業のふたつの会社を兼務しており、当初は自身の力で独立を目指していたのですが、Twitter（現X）で「そら」の取り組みは面白いと思っていて注目していました。たまたま米田健史社長のTwitterで営業社員募集の投稿があったのを見て、すぐにDMを送り、社長とお会いするアポイントを取りました。「保険代理店事業の立ち上げならできます」という話をしたところ、「ぜひ」と言っていただきました。

丹羽　なるほど。ただその時点では〝保険屋〟の仕事だったわけですよね？　それがどうしてまた学校の職場体験や出前授業につながっていったんですか。

川合　保険会社が保険だけを売っていればいい時代は終わりつつあるかなと思っていたんですね。特に地方は、選択肢が豊富にある大都会と違い、人口も減ってお客様を取り巻く環境が複雑かつ厳しいことが増えていて、その先駆けになっているのではないでしょうか。

あとで詳しく話したいのですが、育ててもらった保険会社で、強烈に学んだことがありま す。それは、「営業の仕事」とは、お客様の課題や問題を解決することにあるということです。例えば契約先の美容院が集客に苦戦していたら他の得意先とつなげたり、起業を考えている取引先に、専門士業の先生を紹介したりと、「何をしたらお客様が喜ぶか」を、考えながら仕事をしていました。

つまり、保険屋にとどまらず、出会った人に何ができるかを考え、行動することが、ひとつの役割なのではないかと考えていたのです。

丹羽　なるほど、そこは私自身も保険会社時代に薄々感じていたところです。「そら」はその点、地域の経済を元気にしようと、ホテル経営「だけ」とか不動産事業「だけ」といった垣根を設けずにさまざまなことをされています。

川合　マーケティングの教科書に「ドリルを買いに来た人が欲しいのはドリルではなく穴である」という有名な格言があるじゃないですか。保険を契約するお客様にとって保険は、自分の人生を安心して過ごすための手段に過ぎないわけです。

丹羽　本当に解決したい悩みは何か、その本質を見極めることが重要なわけですよね。ただ、そのアプローチ方法として、どのように「学校」へとつながったのでしょうか。

川合　今は「子どもファースト」で、学校に新しい授業の提案や企画もしますが、当時の私は先生ファースト。「学校の課題イコール先生の課題」だったんですね。

丹羽　ほう、と言いますと？

川合　保険会社の営業ですから、見込み客をご紹介いただくこともあり、学校の先生方が見込み客となることもあります。でも、それはあまり関係ありませんでした。「そもそも」のところでわかりやすい話があったのです。

グランピング場での職場体験のところで中札内村の話をしましたが、その接点ができた最初は、村の教育長にアポを取って先生方が抱える本当の悩みを伺えたことなんですね。

コロナで浮き彫り、先生たちの悩み

丹羽　お会いしてどんな課題が見えてきたのでしょうか。

川合　私が「そら」に入社して2か月目、2022年の春にお会いしたのが中札内村の上田禎子教育長です。上田教育長は教育長へ着任される前は、十勝管内4校の中学校の校長先生をされていた方だけに現場を熟知されており、上田教育長とのお話を通じて課題が浮き彫りになってきました。

課題の話に入る前に、「そら」も当時創業して2年の若い会社で、自治体の教育長がそんな一企業の社員にお会いいただけたのを不思議に思う方もおられるでしょう。少し背景を説明しておきます。これは北海道ならではの学校と企業の近しい関係もあるのです。

丹羽　そうですよね。内地の学校関係者の方でもご存知ない方は、驚かれるかもしれませんね。

川合　少子化の深刻さに政治側が本腰を入れ始めたのが小泉政権の時代です。2003年、国のほうで少子化社会対策基本法などが制定されて、地方でも新しい取り組みが求められます。北海道では教育委員会が家庭の教育を支援するため、企業の力を借りようという構想が進められ、その3年後に「北海道家庭教育サポート企業等制度」が始まりました。

この時、職場での子育て環境づくりと一緒に、職場見学・職場体験の受け入れや、地域行事に人や物で協力・支援すること、社員が学校行事に参加するように促進する、といったことで企業が協力するようになりました。制度スタートから20年近く経ちますが、道内各地で2000を超える企業が参加しています。

丹羽　恥ずかしながら、生命保険会社に勤めていた時に、学校や教育というものがとても身近に存在していたのですが、この制度のことは知りませんでした。考えてみれば、今から20年近く前に先進的な制度でしたね。

川合　株式会社そらは、中札内村とふるさと納税型クラウドファンディングのプロジェクトを進めており、村では充分に認知されておりました。地元の帯広市や中札内村の学校のお手伝いができたらと思い、北海道家庭教育サポートの締結企業になったため、上田教育長とお会いするのはスムーズでした。

話を戻すと、教育長とお会いしてからふたつの課題が浮き彫りになってきました。まずは先ほども話に出ましたが、コロナ禍で学校と地域のつながりが断ち切られた状態になっていました。これってかつて教員を目指したこともある私からすると、かなりまずいことなんですね。

丹羽　学校のことは詳しくなかったのですが、今の時代の学校って私たちが子どもの頃よりも地域との関わり合いが密接になったと聞いています。

川合　その通りです。子どもたちにいじめや非行などの問題があった時、学校の中だけで解決するのも簡単じゃなくなっています。あるいは、ネガティブな話だけではなく、伝統行事を学校で体験できるようにするといった時にも地域の協力が必要になります。

丹羽　私が小学校の時を思い出しても、出前授業のように先生以外の大人の話を聞いたような記憶はあまりないですが、ＰＴＡの方々の活動はすごく積極的だったような記憶があります。時代背景として、共働き世帯が増えたことなど、いろいろ影響しているんでしょうかね。

川合　だから今の時代は学校の運営に保護者の方のみならず地域の人たちも参画する流れになっていて、コミュニティスクールといって、学校の運営に保護者や町内会・自治会長といった人たちが参加して登下校の見守りや防犯パトロール、学校行事の運営などで協力し合いながら、児童生徒の学校生活をサポートするようになっています。

丹羽　ところがコロナで人の流れが断ち切られ、学校と地域の人間関係が希薄になってしまったというわけですね。

川合　まさにその通りです。そして、それがもうひとつの先生方の悩みを大きくしていきます。職場体験や出前授業で子どもたちの心に残るようなことをしたいと思っても、協力先を探すのが難しくなっていることですね。

上田教育長のご紹介で、後日、校長会でごあいさつする機会をいただき、各学校を回ることを快諾してもらいました。

実は上田教育長は、過去に十勝全域の学校を回って学校経営の指導や、学習指導をする義務教育指導監をされており、民間企業と教育界との橋渡し役もされていて、中札内村の教育長になってからも企業との連携に熱心だったということが大きかったです。

それから中札内村の小学校を回るようになり、帯広市も同じような流れで各学校に伺いました。中札内が4校、帯広が39校。合わせて43校すべてひとりで回りました。さらにそこから芽室町《めむろちょう》や幕別町《まくべつちょう》など十勝エリアの他の自治体にも取り組みが広がっています。

丹羽　先生方と話してどんなことが見えてきたのでしょうか。

川合　最初は弊社として「こんなことができます」という説明ですね。具体的には「そら」は、野村證券出身の米田社長をはじめ、金融業界で働いてきたメンバーが集まっているのでお金に関する授業はできるとお伝えしました。

ただ、私も営業マンなので相手がどんなところにお困りなのかを深掘りしたくなったわけです。そうすると、充実したキャリア教育をどうするのかが課題になりました。

例えば、「コックやシェフがどんな仕事かを子どもたちに知ってもらいたいと思ってもツテがない。だからシェフなど料理をされている方がいれば紹介してほしい」といったご要望をひとつひとつお聞きする。そして、実際にそのお仕事をしている人を連れてきて職業の講話をしてもらいます。ただ、子どもたちの心に残る職場体験先をお願いしたいのですが、コロナで受け入れてくれる企業がなく、どうしたらいいだろうという悩みもありましたね。

こうして具体的な授業運営のプランを詰めていきながら、２０２２年５月に株式会社そらは、北海道十勝教育局との間で北海道家庭教育サポート企業を締結しました。

職場体験、生徒に見違える変化

丹羽　そら時代のことは、まだ私が合流する前なのですが、最初はどのような活動をされたのでしょうか。

川合　デビューは職業講話。中札内村の中学校で株式会社そらの取締役ＣＯＯ（最高執行責任者）、林佑太副社長が起業の面白さをテーマに登壇しました。こののち、「ふく井ホテル」やグランピング場の「フェーリエンドルフ」で職場体験を行ったのはすでに話した通りですが、これらの事業責任を背負っていただいたのは林副社長でした。そらがM&Aをした「ふく井ホテル」では、２０２２年3月に代表取締役に就任されました。

林副社長は札幌生まれの方で、北海道大学卒業後は日本生命に入社。法人部門の営業戦略設計や営業推進などで10年ほど勤務した後、大学時代からの友人である米田社長に帯広で起業するからと誘われて、生命保険最大手の安定したポジションからベンチャーに飛び込んだ方です。なので、帯広の地で起業するというチャレンジの醍醐味を話されて、生徒さんたちも目を輝かせて話を聞いておりました。

丹羽　川合さんは教壇に立たなかったのですか。

川合　いえいえ、私は人前に立つのは好きではないので（笑）。

そら時代の出前授業は林副社長に任せて、写真を撮る係をしていました。私は学校の要望を聞き、それをなるべく実現させていく役割を担っておりました。

こうして出前授業はそら社内のメンバーから始めていきましたが、並行して準備を進めたのが職場体験です。毎年10月に各中学校で行っているとあって、初年度から私たちも腕の見せ所でした。株式会社そらが本業で地域おこしを多角的にやっている強みがここで生かされていきます。

株式会社そらが北海道家庭教育サポート企業を行政と締結した際、グループに入っていた「ふく井ホテル」と「フェーリエンドルフ」も一緒に入らせてもらいました。

丹羽　なるほど、そういう経緯があったわけですね。ちなみにその年(2022年)の12月、私と川合さんが運命的な出会いをします。詳しいことは第2章で改めてお話ししますが、意気投合した私たちは新しい会社を起こすことになります。

翌年3月、株式会社北海道パートナーズとかちを設立。この会社は、株式会社そらで川合さんが立ち上げた保険代理店の事業部門を継承し、一部株式会社そらからの出資もいただく形で船出しました。いわゆるスピンアウトという形ですね。

川合　株式会社そらの米田社長には本当に感謝しています。そして保険代理店事業とともに私が取り組んでいた出前授業・職場体験の取り組みは「地域貢献活動」という形で、保険代理店業務と並ぶ「二本柱」に位置付けられることとなりました。

あとからこのプロジェクトに入った丹羽さんには、職場体験授業の運営マネジメントなどをお願いしています。子どもたちの反応は丹羽さんの目から見てどうでしょうか。

丹羽　とにかく初々しいですよね(笑)。例えば、ふく井ホテルでの職場体験の初日、最初のオリエンテーションの時にあいさつや言葉遣いのレクチャーをします。朝会ったら「おはようございます」はもちろん、「大人って疲れていなくても、職場では『お疲れさまです』って言うんだよ」って教えると、「えー、なんで?」って言いながら興味津々に聞いています。

川合　同じ敬語を使うにしても、お客様を相手にしたシーンと普段の学校生活で先生に使うシーンとでは緊張感も違いますよね。

丹羽　方針にもよりますが、職場体験は学校側の要望でリアルな体験をさせてあげたいという考えから、2日間で日程が組まれる場合もあります。さらに、あえて両日とも同じ業務を体験させてあげてほしいという学校もあります。そういう学校の生徒だと2日目に、ホテルへ来る時の朝のあいさつや帰っていく時のあいさつは初日と見違えるほどハキハキしているんですよ。中には大人みたいな立派なあいさつをしてくれる子もいて、学校の外の大人から刺激を受けながら、実際に働いてみることで新しい意識が醸成されるのかなと思います。

川合　やっぱりロールプレイングが子どもたちを成長させますよね。保険屋になった当初は、営業の研修で上司や先輩の指導を受けながら、お客様を演じてもらって本番さながらのやり取りをして基礎力を培うじゃないですか。

丹羽　この時、大事なのは「正解がない」ことだと思います。ホテルで中学生を受け入れた職場体験で、フロント業務に生徒たちが挑戦した時のことです。先生がお客様になって電話を入れて、スタッフの生徒が電話を取って予約を受ける流れを一通りやってみます。

川合　フロント業務体験では生徒向けにマニュアルを用意していないんですよね。自分の頭で試行錯誤してさまざまな状況に対処することが社会を知ることの第一歩ですし、大人になって最も役立つことです。

丹羽　そうなんです。だから決まったセリフがあるというわけでもないのです。それでも生徒たちがたどたどしくも一生懸命に言葉をつないで、予約日時をメモするなど、きちんと応対しようとしていました。

電話受けが終わると、ほっとしたような笑顔を浮かべたり、「もう少しうまく話せたかな」と悔しそうにしていたり。見ている私には初々しく、やっている生徒たちにとっては新鮮な出来事だったはずです。

川合　今回の書籍を作るにあたり、お世話になった学校関係者から私たちの活動についてフィードバックをいただいたのですが、上田教育長から「学校はすごく助かっていると思う。民間企業が学校と手を組んだらとても良い学びになる」と評価をいただきました。まだまだ至らないところはありますが、そのお言葉を聞いて私の中でも手応えを実感しつつあります。

大人にも訪れた意外な変化

川合　今の話を聞いて、私もひとつ紹介したいエピソードがあります。生徒たちが社会勉強になったことはもちろんですが、職場体験は、ふく井ホテルのスタッフにとっても大いに刺激になったことが私は大変良かったと思っています。

丹羽　と言いますと？

川合　ふく井ホテルは100年近い歴史を持つ老舗のビジネスホテルです。帯広駅前徒歩1分という立地にありながら、温泉の中でも美肌効果が高いモール温泉の源泉を施設内に持っているという特徴があり、帯広内外に根強いファンがいます。ただ、安定の裏返しで、近年は良くも悪くもマンネリ化が進んでいたようにも見えました。

丹羽　そんな時にホテルが株式会社そらのグループに入られたわけですね。

川合　前のオーナー様が70代半ばとご高齢に差し掛かり、後継者を探していました。そらが先にM&Aしたフェーリエンドルフで目新しい取り組みをやっていたこともあって信頼をいただき、そらが事業承継する形で再出発しました。

丹羽　林副社長がふく井ホテルの新たな代表となり、長年ご愛顧いただだいた伝統の良さを守りつつも、SNSでの発信を充実させ、フェーリエンドルフと回遊していただいてシナジーを生み出すなど、まさに温故知新とも言える取り組みを始めていたわけですね。

川合　そうした状況で、組織としては何十年も働いておられるベテラン社員の方にも新たな刺激が必要ではないかというのが課題でした。

新体制でもそう認識していたところへ、学校の職場体験を受け入れをしてみてはどうかとなったわけです。

実際に私も現場を見ていると、生徒たちに対するスタッフの皆さんの対応も非常に丁寧。日頃接することが少ない10代の子たちが相手とあって、20年選手、30年選手の大ベテランでも本当に楽しそうで、皆さんの表情が輝いているんですよ。子どもたちはもちろん体験を経て変わった部分があるのですが、受け入れた企業にとっても本当に良かったなというのは強く思っています。

丹羽　大人たちにもたらした影響といえば、親御さんにも我が子の成長を見守る、いい機会になったと思います。

　ホテルのレストランでホールやキッチンのスタッフ体験をしてもらったことは先に言いましたが、自分の子どもがちゃんとやれるのか、ある親御さんがちゃんとやっているのか心配で、のぞきに来たことがあったんですよ。でも、お子さんがホールスタッフとして立派に配膳をしているのを見て安心していました。後日ホテルに、その親御さんから感謝のお手紙が届いたということもありました。

川合　あの時は私たちも嬉しかったですよね。振り返ってみると、林副社長がしっかりと私たちの意見を聞き入れ、実施してくれました。コロナが収まりつつある時期、実施可否の判断は簡単ではなかったと思いますが、あえてチャレンジを選択する。経営者として、林副社長の姿に尊敬の念を抱いた瞬間でしたね。

先生とプロの共創で魅力的な授業に

丹羽　私たちは、学校の普段の授業ではなかなか体験できない職場体験や出前授業を、児童や生徒、そして先生たち、時には親御さんたちにも「人生の糧」にしていただきたいんですよね。観光を「コト消費」という言葉で表現しますが、コンテンツ勝負の世界という意味では通じるものがあるかもしれません。「北海道パートナーズとかちに頼めばなんとかなる」と言われるような信頼をこれからも積み重ねていきたいと思います。

川合　その意味では以前、大正小学校（帯広市）で行った食育授業のことは外せないですね。学校に出入りを重ねるうちに、校長先生から調理実習についての相談がありました。その後主幹の先生と担任の先生をご紹介いただき話してみると、コロナ禍の間に実施できなかった調理実習を再開したいが、ノウハウを持った先生が既に異動されてしまっており、内容を計画中とのことでした。材料は学校の畑で、みんなで作ったカボチャを使い、以前はカボチャクリームとパンケーキを作ったと記録があったそうですね。

丹羽　はい、それで、5年生では茹でる工程を勉強するので、カボチャ団子がいいかなぁというお話になっていましたね。

川合　その話を、フェーリエンドルフのシェフである阿坂鷹文さんに話したところ、カボチャのモンブランができますよと。そうなったわけですね。

丹羽　そうなんです、モンブランなんてケーキ屋さんで買うイメージしかなかったので、「えっ！　調理実習でできるんですか⁉」って、職員室で大きな声が出ましたね(笑)。

川合　それは児童のみんなも同じ気持ちだったかもしれませんね！　結果的に阿坂シェフによる出前授業が実施され、みんなで作ったカボチャがおいしいモンブランになった、と。ほんと素敵な授業でしたね。

丹羽　みんな楽しそうに調理していて、「モンブランを作ったんだ！」って、きっと良い思い出になってくれたでしょう。こういう風に、出前授業などを調整していく中でいろんな人とつながりができました。その人たちとの間に、化学反応が生まれてより良い授業になる、これがとても楽しいところだと感じています。

川合 この時に学んだのが「共創」です。打ち合わせを入念に行って、まず現場の先生から話を吸いあげる。その上で外部の私たちから「実はこんなこともできるんですよ」と、プロならではの提案をする。先生方と私たちが共創することが職場体験を一層魅力的にするための王道だと思いました。

先生たちのアシスト役に

丹羽 そもそも学校の先生はあまりにも忙しすぎますよね。私の小中学生の頃の記憶でも、教室で子どもたちを教えている時間というのは一部に過ぎなくて、会議や書類の仕事が山積みだった印象があります。中学校の先生になると部活動の顧問をやる場合もあって、土日も返上、4時間出て数千円の手当がやっと付くみたいな待遇だそうですから、学校の先生になることを敬遠する大学生が増えてしまうなと思います。

川合　文部科学省が2023年に発表した教員の勤務実態調査では、残業時間が上限である月45時間を超えていたケースが、小学校で6割以上、中学校は8割近く占めていたとのことです。過労死ラインを超えた激務の先生も多く、さらには自宅にテストの採点など書類仕事を持ち帰る場合など、数字に反映されていない「残業」があるとの指摘もあります。

丹羽　それでいてGIGAスクールに代表されるデジタル教育など新しいことにも習熟していかないとならない。加えてコロナ禍を経た今、更に子どもたちの体験型学習のカリキュラムを充実するとか、〝無理ゲー〟みたいに思っちゃう状況なのではないかと。

川合　だからこそ少しでも先生たちの手助けをしたいんですよね。私自身、かつて教育大に入り学校の先生を目指したという思い入れもありますが、今、家庭教育サポート企業の締結会社として先生方と一緒に授業を作れば作るほど、なんとかして差し上げたいという思いは強くなるばかりです。

丹羽　小学校は小学校の、中学校は中学校の先生たちがそれぞれ違う難しさを抱えているようにも見えます。

川合　中学校は教科担任制になるので科目ごとに専門が分かれて教えているわけなんですが、小学校の先生はいろんな科目を教えなきゃいけないマルチプレーヤー。よく学校でありがちなのは、サッカー経験のある女性の先生は多くないにもかかわらず、体育でサッカーを教えなきゃいけないことがあったりするわけです。

小学校でのサッカーについていえば、地元のクラブチーム、北海道十勝スカイアースのご協力をお願いしながら出前授業をしていただきました。スカイアースはまだアマチュアの地域リーグ所属ですが、将来のJリーグ入りを目指しており、室蘭市出身で元日本代表の城彰二さんが統括GMをされています。

スカイアースとは、私自身も所属する一般社団法人帯広青年会議所を通じてご縁があって選手派遣が実現したのですが、グラウンドで〝セミプロ〟の選手たちに指導をお願いすると、やっぱり子どもたちの目の輝きが違います。

丹羽　授業が終わった後にはサイン攻めになりますもんね。

川合　こういっては大変失礼な物言いになりますが、やはりサッカーの素人である学校の先生が教えるのとは断然違うわけです。外の専門的な人材に任せられる時は任せたほうがお互いに取っていいのではと思うんですよね。

もっと言えば、忙しすぎる先生たちは勤務時間が分刻みのスケジュール。出前授業や職場体験の調整業務ひとつとっても正直なところ、できればやりたくないわけです。だから、シェフの阿坂さんの出前授業もそうなのですが、全部まるっとうちの会社で調整業務はお引き受けしています。サッカーに例えれば、私たちがすべてお膳立てした状態でパスを出すので、先生はそれをシュートして決めるだけにしたいんですね。

丹羽　子どもたちがすごく満足して学びを充実させることがゴールであるなら、先生たちがフィニッシュできるように、私たちはこれからも良いアシスト役に徹したいと思います。

回り道でも商売につながる

川合　ここまで私たちの取り組みをお話しするうち、ビジネス感覚の鋭い読者であれば、「なぜ起業して年数の浅い企業が、本業を置いて学校にコミットできるのか」という疑問がわくと思います。しかも学校の出前授業のほうは無償でやっているので、地域貢献事業のほうは当然赤字です。なお、繰り返しになりますが、弊社では保険代理業務が「本業」で、地域貢献事業が「副業」であるというような位置付けにはしていません。両方とも大切な「二本柱」です。

丹羽　そう言うと驚かれますよね。

川合　会社全体として収益は出ているんです。なぜか。

出前授業や職場体験に関連する、学校と外部を結ぶ調整業務は私たちが引き受けるようにしていると申し上げましたが、そこまでやらせてもらえるということは、学校や先生方との信頼関係がしっかり築けているということです。

当然、私たちの本業が保険代理店であることはご存知なので、お話をしていく中で、今の自分が加入している保険が良いものなのか相談したいという先生もいらっしゃいます。あるいは住宅営業や航空会社出身者もいるので、保険契約から資産形成まですぐ相談できる相手がいるわけです。忙しすぎる先生たちにとっては、仕事はもちろんお金の相談もできる便利な存在として認識され始めているのではないかなと考えています。

丹羽　例えば「ＮＩＳＡ（少額投資非課税制度）やｉＤｅＣｏ（個人型確定拠出年金）を始めたいのですが、どうすればいいのでしょうか」と尋ねてくださったり、ベテランの先生だとリタイア後を見越して「退職金は運用したほうがいいと聞いたのですが、どんなものがあるかだけでも知りたいのですが」とご相談をいただいたりすることもあります。

また私自身は保険業界に入る前は、注文住宅の大手メーカーで営業をしていた経験があるので、不動産関連の案件を持ちかけられたこともあります。「相続した土地・建物があるんだが、住む予定もないし固定資産税がかかるばかり。どう処分したらいいのかわからず、困っている」といったお悩みを伺ったこともありました。

川合　念のため誤解のないように申し上げると、最初から保険の契約ありきで学校に伺っているわけではないです（苦笑）。ただ、私たちは株式会社ですので、利益を追求する団体として、「プロ」である必要があります。営業マンは問題解決が仕事ですので、当然相談をいただければ、プロとして高い精度でお応えすることができます。忙しすぎるあまり、お金の話に向き合う時間が取れなかった先生もいらっしゃいます。お金の話はタブーみたいな風潮もある中、相談をいただけているということは、やはり信頼の積み重ねかなと感じます。

丹羽　さらに、高校教育では2022年から資産形成など金融教育が必修となっています。英語教育のように、いつ義務教育課程におりてきてもおかしくないと思っています。そういった状況になった時、教科書に載っているような一般的な話だけではなく、自身の経験として資産形成の話を伝えられるようになったら、とても良い学びになるのではないか、という想いも込めて、金融教育セミナーを実施するなど、私たちができる活動を続けております。

川合　地域貢献活動＝赤字事業だからと敬遠している企業も多いかもしれませんが、会社の商品やサービスはもちろん、社員個人に対して「ファン」が生まれるような、そんな素敵な効果があるなぁと日々感じていますね。

丹羽　そうですね。株式会社と名乗ると、中には営業をかけてくるような怪しい業者、と言われることもありました。しかし、株式会社だからこその利害関係も生まれると思っていますし、それ故にプロとしてしっかり責任を持って私たちも全力を傾けることができていると感じます。収益があるからこそ、その収益を出前授業や寄付活動で還元することができます。収益があるからこそ、学校の先生を公私とも支える活動が持続可能になるのだと確信しています。当然のことですが、財源のないボランティア活動は、持続可能ではないということです。

子どもが大人より賢くなった時代に

丹羽　ところで私は教員を目指したことのある川合さんと違って、学校のことはよくわからなかったのですが、２０２０年に第1子の双子が誕生し、今はその後に生まれた下の子も含めて3人の子どもの父親になってから、教育や将来のことを真剣に考えるようになりました。

決して悪い意味で言うのではないのですが、そこで感じるのは学校の先生だけで世の中のことを教えるには限界があるということですね。特に今の子どもたちには。

川合　なぜそう思うんですか。

丹羽　今の時代は、生徒たちのほうが情報量が多いんじゃないかと思うんです。生まれた時からスマホがあり、何か知りたいこと、気になることがあればＹｏｕＴｕｂｅを見ればわかりやすく教えてくれます。

川合　メディア環境が私たちの子ども時代と激変しましたよね。基本的に私は社員としゃべる時も、学校にいる時も、年下の方のほうがはっきり言って優秀だと思っているんですよ。

それはなぜかと言えば、まさに丹羽さんが言われた通りなのですが、情報社会の中で、大人が今まで経験してきたこと以上のことを、子どもたちはネット上で経験していたりする。なので、ある特定の分野に関して、実は私たちよりも詳しいということが数多くあるのです。

丹羽　例えば、仕事をテーマに授業するとして、従来の形は、講師料を捻出してとても有名な社長さんを招いて1時間講演を聞くというものでした。そうではなく、20分ずつ4人の方をお呼びして話をしてもらうのです。地元のさまざまな業種の社長さんや一般サラリーマンなら無償で協力してくれます。そうすると、ひとつひとつの講演の内容は浅くなるかもしれませんが、幅広い情報を知ることができます。興味があった業種のことは、あとで自分でインターネットを使って情報を取りに行けばいい。そういう時代なのだと思います。時代とともに、子どもたちへの伝え方が変わっていくのは当然のことだと感じています。

川合　確かに。そして、すぐ疑似体験ができてしまう時代だからこそ、生の経験が存在意義を増してくるように私は思います。既存の教育のロジックで話をしたとしても、多くの知識を身につけた子どもたちにはつまらなかったり響かなかったりというところがあるでしょう。

だからこそ子どもたちにはやっぱり、自分のよく知っている世界とは違う観点、本当の現実社会のリアルな声を届けることがものすごく有益ではないでしょうか。

懐古趣味的にアナログがいいと言うのではなくて、デジタル時代だからこそ、その場にいる人たちが目を合わせ、肉体的なコミュニケーションをすることの重要性が増してくるのは間違いないですよね。

丹羽　コミュニケーションって建設的な対話だけではなくて、時にはぶつかり合うこともありますが、大人になったらそういうことばかり。でも考えの異なる他者と向き合うことで物事を前にどう進めていくか。これは古今東西、不変なことなのだと思います。

川合　生の体験といえば、２０２３年11月に幕別町の白人小学校で実施した防災サバイバル授業が代表的ですね。先生が主体となって企画されていた授業にお手伝いとして参加しました。地震や停電など、さまざまな災害シチュエーションに対して、自分なら何を準備するか。まず校庭でストーブや寝袋などのアウトドア用品を体験し、その後カードゲーム形式で自分の手札として自分なりの防災グッズ一式を考え、最後にはライターなしで火起こしをしてお湯を沸かし、非常食をみんなで食べるという素敵な授業でした。

丹羽　11月の帯広は氷点下になることもある気温です。校庭での体験の際には、屋外で暖を取るためにはストーブは実は全然暖かくなく、寝袋があったほうがいいなど、自分の生の体験をもとに自分なりの防災術を身につけることができる、今の時代ではとても貴重な時間だったのではないかなと思います。

これからのキャリア教育に必要なこと

丹羽　「協働」も重要な視点です。私が担当した同じ幕別町の幕別中学校で2023年下半期に行ったキャリア教育のことは町の教育長からも高い評価をいただけました。

川合　2023年の8月からアドバイザー企業として参画をして、翌年2月まで続いた大きな授業でした。総合的な学習として、幕別町にイノベーションを起こすことができる架空の企業を考えてプレゼンをする、という内容でしたね。まず「座学」として、株式会社そらの林副社長にお願いして起業をテーマに講話をするところから始まります。

丹羽　幕別町は2万5000人ほどの人口ですが、2060年までの半世紀近くで約2割も人口が減ると予測されるなど、かなり過疎化が進んでいます。

そういった状況の中で、どうすれば地元である幕別町を盛り上げることができるのか。そういった視点で「企業」と「商品」をリアルに考えていく授業でした。

川合　とても面白い試みでしたが、なかなか前例のない大きな授業であったため、どこに着地するか、難易度の高い授業でもありましたよね。

丹羽　そうですね。実際にチーム分けをして考え始めると、何をどうやって考えたらいいか、生徒たちが行き詰まっている様子も見えました。そこでワークシートを作成して、「起業目的」や「市場調査方法・エビデンス」「起業した結果どうなってほしいかの想い」など、大枠の項目をあらかじめ決めて作業を進めるようにしました。その後、市場調査の仕方やプレゼンの方法など、私のサラリーマン生活での経験で伝えられるところも多くあり、気づけば計20コマ学校に通っていました(笑)。

川合　一時期は、ほんとスケジュールに毎週「幕別中学校」って入っていましたもんね(笑)。

丹羽　はい、後半のほうでは生徒たちからも「先生」と言われるようにまでなり、先生の仕事を疑似体験したような気持ちでした。最後には幕別町の役場の方もお迎えし、練習を重ねたプレゼンを披露していました。途中少しやる気が欠けてしまっていた生徒もいたのですが、終わった時に「もっとうまくやれたー」と悔しそうにしているところを見て、生徒の成長も間近で見られる、とても素敵な経験をしたと感じました。

川合　先生を目指していた私としては羨ましい限りでした（笑）。でも最後は、某テレビ番組のように、審査員役の人が、出資してもいいかなっていうグループの札を挙げたりして、とても盛り上がってましたね。

丹羽　地元の新聞にも取り上げていただいたのですが、他町村の教育長からも「インプットだけでなくアウトプットまで民間企業が指導するというのはあまり聞かず、大変貴重な機会。高校の必修科目『探究』の授業にも通じる良さがある」とありがたいフィードバックもいただきました。

川合　やっぱりひとりひとりが熱量を持って、仲間たちと「ああでもない、こうでもない」と話し合ってひとつの事業のカタチを追求していく。真剣にそのプロセスを踏んでいくからこそ初めて見えてくる風景がありますよね。自分たちも中学生の時にやりたかったなぁと思いましたね。決して経営者だから良いことを伝えられる、ということではないのでしょう。丹羽さんのように、真面目にサラリーマンをやってきた方でも、子どもたちにとっては目を輝かせる「学べる要素」があるんでしょうね！

教師になりたかった……十数年越しで〝結実〟

丹羽　先ほども話題になりましたが、ここまで学校にコミットしていると、収益という点だけを考えると同業の皆さんには信じられないくらい回り道をしていると思われそうです。改めて、川合さんはなぜここまで学校サポートに熱量を出せるのでしょうか。

川合　やっぱり学校の先生になりたかったという思いが心のどこかにあるんですよね。実際、教員を志して岐阜から北海道まで来て教育大学に進学したほどなので。

丹羽　学校の先生のどんなところに惹かれたのですか？

川合　小学生の時に書店で初めて買ったのが「泣き虫先生」で知られる京都・伏見工業高校の山口良治先生のご著書でした。山口先生は1970年代に当時はラグビー部が無名で弱小だった公立校で監督となり、就任4年でチームを花園に導き、その後、常勝軍団を作られた指導者です。

丹羽　あの『スクール・ウォーズ』の先生ですね。

川合　はい。ドラマでは山下真司さんが、山口先生をモデルにした熱血教師を演じられ、1980年代を代表する大ヒット作品になりました。そのあたりのことは私たちより一回り上の世代の人にはおなじみですが、放送されたのは私が生まれる前。山口先生のことを知ったのは先生の本だったので、その分、生徒とどう向き合って自信を失っていたラグビー部員たちをどう奮起させたのか、その生き様に感動して、自分もこんな先生になれたらいいなと憧れたのが原点です。

丹羽　そこまでなりたかった先生なのに、どうしてまた方向転換をしたのですか。

川合　詳しくは第2章でお話しできればと思いますが、大学生の時にインターンとして1年間働いた先で尊敬する方と出会い、その方から「教員になる前に社会を知ったほうがいい」と強く勧められたこともあって、まず卒業後は民間企業で働く進路を選びました。

丹羽　それでも心のどこかに先生になりたかった気持ちが沸々と残っていたわけですね。

川合　教師という存在は、人を導く本当に素晴らしい仕事だと思っています。私からすると「導く」というのは上から「教えてあげる」というよりも、一緒に成長していくこと。学生時代、不器用だった私のような人間がいても、我慢強く「正しい方向へ」導いてくださる先生の姿を見て、自分もそういう大人になりたいと思い立ちました。

丹羽　なるほど。ここが川合さんのモチベーションの一端なんですね。

川合　学校に限らず、今は会社の代表として先生の気持ちに近いものは味わえます。入社当初なかなか芽が出なくて仕事に苦戦していた若い社員に粘り強く接し続けているうちに、コツを掴み成長をして、やがて自立していく姿を見ると、私としては本当に嬉しいです。経営者の醍醐味のひとつかもしれません。教育大学を卒業してから十年以上も経ち、形を変えて思いが結実するとは思いませんでしたが。

丹羽　川合さんの話を聞いていると、独立起業によるビジネスの部分と、企業の立場から学校の先生をサポートするという地域貢献、ふたつの自己実現をしているように感じました。なんというか、ライスワークとライフワークを本当に良い意味で両立させようとしているのが私たちの会社なんだなと。

川合　私の個人的な想いはさておき、学校の先生が忙しすぎる上にやることも増えて、回らなくなっているわけです。これをなんとかしたいという一心で試行錯誤しているうちに今に至ったという感じでしょうか。

第2章

稼げるようになるまで ～私たちの歩み

MAKING BIG DREAMS
IN THE VAST LAND

川合佑介の原点：ＦＣ岐阜でのインターン体験

丹羽 第1章では、十勝の小中学校で私たちが取り組んできた職場体験や出前授業について振り返ってきました。この章では、企業でありながら学校の授業のサポートをしようと思い立った私たちの原点をお話ししたいと思います。

川合 といっても、私たちも20代前半には、尊敬できる大人たちにたくさん叱られ、先輩たちに鍛えられ、たくさん失敗してきたから今日があるんですよね。

丹羽 川合さんにとってキャリア人生の転機となった出来事といえば、学生時代、当時Jリーグ入りを目指していた故郷岐阜のサッカークラブでインターンシップを経験したことでしょうか。

川合 私にとっては転機でもあり、原点だと真っ先に言えますね。学校の先生になりたいと思って大学に入ったことは話しましたが、1年で休学して、FC岐阜の門をたたきました。

その頃は創設から7年。日本フットボールリーグ（JFL）で、かつて名古屋グランパスで活躍した森山泰行選手、小峯隆幸選手など、有名選手が所属しており、積極的な補強をした上で、Jリーグへの昇格が視野に入ってきた段階です。

丹羽　盛り上がってきたところで何か体験したいと感じたのでしょうか。

川合　元々子どもの頃から高校までサッカーをやっていたので故郷のクラブには注目していましたが、地元で学生のインターンを支援していたNPO法人「G-net」の秋元祥治代表（当時）とのご縁があり、自分自身の成長のために1年間、実践型のインターンシップをやりたい、やるからにはFC岐阜に応募したいと直談判したことがきっかけでした。秋元代表は、FC岐阜とのつながりはありませんでしたが、さすがの営業力で、当時GM（ゼネラルマネージャー）に就任したFC岐阜の今西和男さん（後のFC岐阜代表取締役社長）に営業をかけ、インターンシップをする承諾をとってきていただけました。

この時、直接今西さんが面接をしてくださったのですが、当時今西さんは吉備国際大学で教鞭もとられており、大学生にとって社会のことを知りえるインターンシップは大切だと認識してくださり、スムーズにインターンシップを受け入れてくれました。日本サッカーの歴史に詳しい方ならご存知と思いますが、今西さんは、サンフレッチェ広島の初代総監督を務められ、チームの強化から出資者集めまでクラブ運営に尽力、日本サッカー界の「元祖ＧＭ」と位置付けられる名指導者でした。もちろん当時の私はそんな偉大な方とは知りうることもなく、すごい体の大きな方だなぁと思っておりました（今となっては恐れ多いことです）。

日本代表監督、森保一さんも今西さんの教え子のひとりです。選手たちには引退後のセカンドキャリアも考え、「サッカーだけしか知らない人間になるな」と指導されていたと聞きます。

その頃、今西さんは広島を離れ、先述した吉備国際大学で教鞭をとりつつ、ＦＣ岐阜の顧問をされていたのですが、「育将」として名高い今西さんがいよいよＧＭとして、ＦＣ岐阜のＪリーグ入りに本腰を上げ、サッカー不毛の土地岐阜のために活動してくださった時でした。秋元代表には無理を言いましたが、何か自分も関われたらいいなと思い、応募したことを記憶しております。

丹羽　サッカークラブのインターンシップというのは具体的にどんなことをされたんでしょうか。

川合　今でいうスタートアップ企業なので人が少ない。当時は未来会館という県の施設の5階にいましたが、確か出勤している常勤スタッフが6名、岐阜県と岐阜市からの出向者2名の8名、それに加えて学生（川合）だったので、なんでもやらせてもらえました。マネージャー補佐として用具や水の準備に始まり、練習試合では審判として笛を吹かせていただきました。大学に入った時、審判員の2級ライセンスを取得したのが生きました。

丹羽　そうなんですか。新聞で連載も持っていたとか。

川合　北海道に進学していた学生が1年も休学して地元のサッカークラブでインターンをするというのが斬新だったのでしょうね。秋元代表を通じ、中日新聞にお声がけいただいて3か月7回の短いコラムを書かせてもらいました。

あとは地元紙の岐阜新聞がよく取り上げてくださいました。試合を見ていて、自分の同世代が思ったほど観戦してないことに気づき、「学生サポーターズ」を立ち上げたのを、大々的に取り上げてくださいました。

丹羽 アルバイトもせず、のんびりと学生生活を送っていた私からすると〝意識高い系〟な感じで圧倒されます。勘違いとかしなかったのですか？

川合 まったく逆です。鼻を高くする間もなく矯正されました（笑）。今でも覚えているのは、ある日、今西さんに「弁当を持ってきて」と言われてその通りに弁当を持って行ったら、こっぴどく叱られて「箸は？」と。今度は箸を持って行ったら、「お茶はないんかな」とこっぴどく叱られたんですね。

「佑介君、言われたことしかできんのか。この状況を考えたら、何が必要でどういうことを考えているのか、全体を考えた上で、今どういう指示をされているのかということを考えて行動しとるんかな」って。もう広島弁でキツかった（笑）。でも愛情がありましたね。

丹羽 それが川合さんの事業家としての「原点」かもしれませんね。川合さんと仕事をしていると、先を読む能力がすごいなと感心させられます。これって推測や仮説とかとはまた別の話で、「この人は何を求めているか」という洞察力と言うんでしょうか。それは、当時の経験が影響しているのでしょうね。

今西さんから受けた薫陶で今でも生きていることは他にありますか。

川合　ある時、今西さんと食事をご一緒した時、「君は教員になりたいなら社会のことをもっと知らないとダメだよ。学校の先生になると社会経験を積む機会が少ないから、このまま教員になるのは良くない」と言ってくださったことが印象に残りました。

私の性格は、好奇心が強く、いろいろなことに興味を持つのですが、結構、ひとりよがりなところもあるので、卒業後は学校の先生になる前にあえて民間企業で仕事をしてからがいいかなと思うようになりました。

新卒で航空会社、さらに外資系生命保険会社へ

丹羽　川合さんが大学を出た後、新卒で今のエア・ドゥに入社したのはそういう経緯だったのですか。

川合　FC岐阜で過ごした1年の休学期間を含めて5年。北海道がすっかり気に入って残りたいと思い、北海道の会社を希望して就活していました。その結果、社名が北海道国際航空からエア・ドゥに変わる少し前のことでしたが、入社試験を受けて内定をもらいました。

丹羽　エア・ドゥではどんなお仕事をされていたのですか。

川合　地上係員の仕事です。チェックインなどを担当する女性に囲まれて仕事をするあたりは航空会社ならではかもしれませんが、あとは至って普通の社会人生活でした。た

だ、この時、プライベートでつらい思いをしたことがその後の転機となります。今はどうかわかりませんが、当時はお給料が安く、とにかくお金がなかった(苦笑)。

丹羽　確か会社は過去に米同時多発テロの影響で乗客が減ったことが引き金になって経営破綻し、その後再建したんでしたよね。

川合　しかも学生時代からお付き合いしていた女性と結婚もしていましたので、生活も大変で、よくケンカになりました。それだけが理由ではないですが、心の余裕がなくなりますよね。ケンカが絶えなくなり、積もり積もって離婚に至ってしまいます。

丹羽　その後、エア・ドゥを辞めて外資系の生命保険会社へ。異業種の保険業界に転職したのはどういうきっかけだったんですか。

川合　たまたま大学の先輩がその会社に勤めていたっていうのもありました。その頃、転職を考えていた私に「仕事を辞めるんやったら来ないか」とお誘いいただきました。それで仕事は何かと聞いたら、保険の営業だと言われたのですが、その時点では自分に営業が務まるとは思ってなかったです。

丹羽　今の川合さんからすると信じられないんですが、何か変化するきっかけがあったんですか？

川合　配属された岩見沢営業所の中村通夫所長です。この方に今の私を作っていただいたと言っても過言ではありません。お金の大事さ、ライフプランニング、あとは目標設定、そういったところを学ばせてもらって、営業っていうのはやっぱり本当に人のためになるものなんだっていうことを腹落ちさせてもらいました。

丹羽　私は同じ会社の別の営業所で働いていたので想像がつくのですが、相当働いたのでは。

川合　転職したのが2013年11月で、そこからゴールデンウイークまでの半年間、休んだのは同級生の結婚式に出席した1日だけ。年明けの三が日も普通に仕事をしていました。中村所長に言われた通り、毎週、何人に会って、必ずクロージングは何人っていていうことを決めていて、その言われたことを本当に素直にこなしていきました。途中、三半規管がおかしくなって倒れたなぁ……（苦笑）。人生で一番働いたっていうのは間違いなくあの半年間でした。今の働き方改革とは逆行しているので、褒められたものではありませんが、「努力は夢中に勝てない」とは、まさにあの時を言うのだなと思いました。

丹羽　ビジネスインフルエンサーの田端信太郎さんあたりがよく言っていますが、若いうちはある種の修業期間というか、体に仕事術を染み込ませる、覚え込ませる時期というのが絶対に必要で、川合さんにとってはまさにそのタイミングだったんでしょうね。

川合　そうなんですよ。お金を稼ぐってことはもちろんそうなんですが、私自身、若い時はお金を稼ぐことがそもそも何かわかってなかったんです。

ここで中村所長の話に戻します。営業に必要な考え方のイロハを全部教えてくださったからその後の自分につながったんですね。

すごかったのは、「この人は24時間、フル稼働で自分を見てくれているのでは」と思ったことです。当時、私は深夜営業の飲食店が得意先で、日付が変わる頃にアポイントを入れていたんですが、中村所長は「行く前と行ったあとは俺に電話しろ」といつもおっしゃっていたので、私は必ず商談前に電話して「こういう方向でこのお客さんはいきたい」、終わったあとの報告がどんなに遅くなっても必ず電話をとってくださったんですね。

丹羽　本当に親身になって一人前にしようとしてくださったのですね。すごい上司だなぁ……。年収の上がり方もすごかったのでは。

川合　保険会社の営業の報酬はいわゆるフルコミッション（完全歩合制）ですから入社半年後には前職の倍になりましたね。2年目には650万、3年目はそこから倍増して1350万円。

丹羽　すごい、私の経験を踏まえても短期間での充実ぶりですね。

川合　前職の航空会社の時は、家庭がうまくいかなかったこともあって気持ちは「どん底」でした。心機一転、舞台を変えて中村所長に出会って人生を変えてもらいました。

所長に教わった考え方というのは、要は「営業というのは売りつけるものではなくて、本当にその人の問題解決をするものだ」ということですね。例えば、本当にその人のために親身になるのであれば、保険以外の部分でも何かお役立ちできることがないかを探ってみるのです。美容師さんだったらお客さんを紹介したり、チラシを他のお客さんのところに配ってあげたりといったところですね。

丹羽　そのお客さんが本当に必要としていることは何かを見極める。営業の極意ですよね。今、私たちが地域の学校で取り組んでいる職場体験や出前授業も各学校の先生方が求めていることは何か、子どもたちに体得してほしいことは何か、場合によっては先回りして提案しているわけですが、それらの発想の根底にあるのは、まさにそうなんだと感じます。

川合　あとは数字へのこだわりですね。所長には目標設定を徹底するようにずっと言われましたね。今月の数字はこれだけ、今週のアポイント数はこれだけっていうのは決めて、「全部毎朝報告しなさい」というように取り組んでいました。

丹羽　そこまで成果を出していると、その営業所ではトップ成績だったのでは？

川合　いや全然、上には上がいるんですよ(笑)。最初に保険会社への転職を誘ってくれた先輩の話をしましたが、その方がトップ。でもなんとか二番手の位置にはつけていました。ただ、数年経って、私が管理職になる前の年には北海道で契約件数ナンバーワンになりました。今でも覚えていますが、年間１４４件という数字はぶっちぎりのトップでした。

丹羽　そうですよね。川合さんが退職してから何年も経っているのに、私はその話を新人研修で成功例として聞いています。北海道に知り合いが全然いない状態から保険営業を始め、北海道の記録を作った、まさに「伝説」となっていましたね。

川合　一般社団法人帯広青年会議所に入りたての親睦会で、その話になった時の丹羽さんの顔を今でも思い出せますよ。「えっ！　あなたがあの噂の!?　研修で聞きました！」ってやつです(笑)。私は北海道出身ではないし、航空会社の時も一時横浜勤務だったくらいだから、北海道で保険の営業を始めた時の道内の知り合いは本当に3、４人しかいなかったんですよ。

丹羽　そこから全部紹介、紹介で積み上げていったんですもんね、改めて信じられないです。

丹羽祐介の原点：父に学んだナンバー2のたたずまい

川合　私の話ばかりしてきましたが、そろそろ丹羽さんの生い立ちも伺いましょうか。丹羽さんは私のひとつ年下、1988年4月生まれ。帯広生まれ、帯広育ち。大学卒業後、北海道ナンバーワンのコンビニチェーン「セイコーマート」を振り出しに、住宅メーカー大手の「一条工務店」を経て、私の前職と同じ外資系生命保険会社に入社しました。

そして2023年から、一緒に独立して現在は弊社・北海道パートナーズとかちの営業本部長兼住宅アドバイザーとして日々頑張っています。おかげさまでうちの会社がなんとかやって来られているのは、お世辞抜きに丹羽さんがいるからこそです。

丹羽　ご丁寧に紹介いただいて、ありがとうございます。

川合　いや、丹羽さんがいなかったら、とっくに破綻していたと思う（苦笑）。私はひとりよがりのところがあるので、例えば従業員が知りたいことが10あったとしても、2か3しか言わない。

そんな時でも丹羽さんが間を取り持って、「これはこういう理由で、たぶんこういう目的で、川合さんは言ってるんじゃないか」という感じで裏から補完してくれているんです。

丹羽　私が言うのもなんですが、道路工事に例えると、川合さんはブルドーザーになって道なき道を切り開いていく。私の役割はロードローラーとして、川合さんの後ろをついていきながら、整地していくことなんだと思います。

川合　そんな丹羽さんの仕事観って、お父さんの影響だと聞いたことがあるんですが、改めて詳しく聞かせてもらえますか。

丹羽　父は、私がまだ幼い頃は測量会社に勤めたりピアノ販売の営業を行っていたり、自身でコンサルティング会社を立ち上げたりと、精力的に仕事をしていたと聞いています。最後退職をした際には、十勝では有名なパチンコや不動産業、ビルテナント管理などをグループで展開する会社で役員をしていました。任されている仕事も多岐にわたり、私が小学生時代などは隔週で東京と帯広を往復して仕事をしていました。

川合　それは相当忙しかったでしょうね。お父さんの背中を見て育った感じですね。

丹羽　そうですね、俗にいう仕事人間という印象でした。

川合　そういう中でも、お父様から仕事に関して影響を受けたことは、何かあるんでしょうか。

丹羽　父とは、中学生くらいからよく「仕事」とか、「働く」ということについて話すことが増えていきました。若輩者の私が言うのもなんですが、振り返ると父の当時の仕事でのポジションは、まさに今の自分のポジションと近い部分があると思います。

父は役員として社長を補佐する立場で仕事をする立ち位置でしたが、中学生の頃、「社長という生き物は人と少しズレているものだ」「周りにいる人間とは見えている時間軸やビジョンが異なる」という話をしてもらったことを今でも覚えています。これを今私なりに解釈すると、経営者とは0を1にする役割であることが多く、初めはその過程やゴールは本人にしか明確に見えていないと思います。そのまま従業員に指示を出しても、それこそ英語が通じない人に英語で話しかけるようなもので、理解されにくいこともあるのかな、と。

父は、そんな社長の言葉を理解し「翻訳」し、みんなに伝えるということをしていたんだろうなと感じています。

川合　丹羽さんは、組織における「ナンバー2」や「腹心」「片腕」といった存在をお父様の言葉や生き様から身近に学んでいたのですね。私なんか最短ルートで物事を進めてしまおうと思うあまり、仲間にも説明を端折ってしまいがちなので、丹羽さんにも丹羽さんのお父様にも感謝したい気持ちです。

セイコーマートで知ったお金を稼ぐ大変さ

川合　学生生活はどんな感じだったのですか。

丹羽　帯広柏葉高校を卒業した後、初めて十勝の地を出ました。といっても札幌で下宿して、北星学園大学に通っていたのですが、プロサッカークラブで華々しくインターンをされていた川合さんとまったく真逆。恥ずかしながら、私、大学の時バイトしたことなかったんですよ。

川合　お金に苦労しなかったのか。羨ましいですね。

丹羽　アルバイトをしすぎて仕事が楽しくなり、学業を疎かにする可能性がないようにという考えもあり、確かに周りの友だちと比べると多めの仕送りをもらっていたと思います。本当に親には感謝しています。きちんと4年で卒業はしましたが、貯金をしたり生活レベルを上げるために働いて稼ごうということはせず、仕送りをほぼ使い切りながら生活していました。

その向上心のなさが仇となり、新卒でセイコーマートに入った時、学生時代とのギャップがすごかったんです。「稼ぐ」ってこんな大変だったんだ、と。

川合　北海道以外にお住まいの読者の方のため、念のために説明しておくと、セイコーマートは北海道内ナンバーワンのコンビニチェーンです。公式サイトによると、店舗数はおよそ1200。経済産業省北海道経済産業局の資料（2020年）によると、セブン-イレブンの店舗数が約1000、ローソンの約670、ファミリーマートの約240を上回って道内ナンバーワンです。

丹羽　北海道では圧倒的な存在。セイコーマートが道民の皆様に愛されているのは、例えば「ホットシェフ」といってご飯をお店の中で炊いて、丼ものやおにぎりを出して食べてもらうという、大手コンビニでは考えられないサービスがあるからです。

それだけに学生の就職人気が高く、私が就活した当時も道内ランキング3位で競争倍率100倍（2000人受験中20人が内定）の状態でしたが、運や出会いに恵まれてなんとか内定をいただくことができました。

川合　でも本当の試練はそこから？　で、ギャップというのは？

丹羽　対人スキルの経験値が乏しかったと思います。今でこそ笑顔でお客様と接することは当たり前にできますが、当時は店舗研修前に毎日鏡の前で割り箸を口にくわえて、口角を上げるトレーニングをしていました。クレーム対応なんてこともやったことがなく、一度、先輩と一緒にお客様のところにお伺いしたら、「豚丼に卵の殻が入っていた」とひどくお怒りで、足元に豚丼をバシャーンと投げつけられたこともありました。もうビビりまくりです。

川合　丹羽さんが作ったわけではないのにつらいね。社員として、お店で接客を行っていたの？

丹羽　肩書はスーパーバイザーでした。直営店舗18店舗を担当し、発注管理や労務管理、人材採用と育成など、管理職に近い仕事を行いました。20代の若手の仕事としては一見するとカッコよく見えますが、お店で働いているベテランスタッフの上に急に立つことになるので、クレーム対応のような外部折衝はもちろん、内部的な折衝も行う必要があり、対人スキルが毎日求められる仕事でした。
体力的にきつかったのは、シフトの穴埋めでしたね。過疎化の進んでいる地域の店舗は常に人手不足でした。今でこそいろいろな方法で改善が進んではいますが、代わりの人を見つけることが困難な地域を担当していたこともあって、自分でシフトを埋めるしかないという状況もよくありました。

川合　お給料をもらって「稼ぐ」のが大変なことをまさに痛感しましたね。

丹羽　ある過疎地域のお店で夜中のシフトがどうしても埋まらず、朝8時に家を出て本社に出勤してから、ノンストップで翌朝8時まで24時間働きっぱなしだったことが2度ありましたね。本当に「稼ぐ」って大変なんだなと当時は感じていました。

「天職」求めた転職〜モノを売る仕事へ

川合　ここまでの話だと、丹羽さんが今のようにお客様に提案や交渉を重ねて商談を進めていく「営業」という点では、本格的にキャリアを歩んでないですよね。人の懐への入り方、見込み客の増やし方や、コミュニケーションの取り方とか、どのタイミングで学んでいったのでしょうか。

丹羽　おっしゃるように、セイコーマート時代は、物を売るお仕事はお店の人で、私はスーパーバイザーとして、どうやってお客さんを増やすかといったところがメインでした。シフトの穴埋めで店舗に出ることはたまにありましたけど、個人営業としてのキャリアにシフトしたのは、その後、一条工務店に転職してからです。

川合　コンビニから住宅メーカーへの異業種転職ですよね。どうしてまた転職されたんですか。

丹羽　実は一条工務店の前に1年だけ不動産関係の会社で仕事をしました。セイコーマートに入って4年経った時、先に辞めた同期がその会社で働いていて「営業で人がいないから来ないか」と誘われて。ちょうど仕事がつらく感じていた時期だったので、飛び出してみたんですが……。

川合　行ってみたら大変だった？

丹羽　いろいろな意味で大変でした。転職先は賃貸のマンション管理会社で、マンションのオーナーに対して、物件で起こった修繕や滞納などの報告事項をメールで伝える窓口となる営業担当でした。現場に出向くことも確かにあるのですが、ほとんど一日中座りっぱなしで……。正直退屈で、私は内勤より外に出たいんだなと気づくことができ、勤務を始めて1年で一条工務店への転職を決意しました。

川合　新卒から20代後半まで試行錯誤が続いたわけですね。そして3社目の一条工務店がキャリアの転機となるわけですか。何か違いました？

丹羽　一条工務店では注文住宅の営業をやりました。個人の方に何かを売るのは初めてでしたが、個人営業が自分に向いているというか、心から面白いと思えたんですね。

川合　なるほど。

丹羽　今でも自分の根幹になっている体験があるんです。当時所属していた札幌のモデルハウスで店長の接客を一通り受けるという研修の機会がありました。いわゆるロールプレイングで私がお客様になり、来場して名刺を受け取ってからモデルハウスの案内をリアルに3時間「接客」してくださいました。

3時間というと、普通に考えるとものすごく長く感じますが、店長はお客様の引き込み方がうまくて、時間が経つのを感じさせないんです。話の面白さ、引き出しの多さ、段取りのうまさに圧倒されました。

店長は北海道でもトップクラスの成績で年収も1000万円をゆうに超えている営業のエースだとは聞いていたのですが、身をもって極意を示されたようで「これが営業のプロなんだ」と感銘を受けました。

川合　そこから営業の世界へ一気にのめり込んでいったわけですね。

丹羽　はい。最初は売れている人の真似をしてとにかく売ることに集中しましたが、波が激しかったんです。しかし、経験を重ねる内に、自分なりの話し方や資料の見せ方、第一印象など、自分自身を俯瞰できるようになってきました。

営業スキルを向上させるため、自分の営業シーンを想定したロープレも動画を撮影して、あとで客観的に見返し、何ができているのか、できていないのかもすごく研究しました。

川合　そうそう。よくアスリートの人が絶好調の時に「ゾーンに入った」と言いますが、営業でも成長曲線が急カーブを描く時期があるんですよね。

丹羽　いつしか個人営業が自分に合っていると思うようになっていましたね。自分を客観視できるようになってからは営業成績もずっと好調を維持していて、妻と仕事のことで話をした時、彼女から「天職だと思う」と言われました。

川合　奥様は薬剤師のお仕事をされていましたよね。営業のことは詳しくなくても奥様の目から見て丹羽さんがそれだけ生き生きとしていたんでしょうね。

子どもが生まれて次の転機に

川合　一条工務店では結局、何年間働いていたんですか。

丹羽　６年ですね。新卒で入ったセイコーマートが４年、マンションの賃貸管理会社が１年、そしてそのあとが一条工務店で充実した日々を送らせてもらったので一番長く過ごした計算になります。

川合　そして今度は私の古巣である外資系生命保険会社に転職するわけですが、小売り、不動産、住宅ときて、また異業種ですよね。どうしてまた？

丹羽　理由はシンプルです。子どもができて土日に休みたくなったんです（笑）。今はどうかわかりませんが、私がいた頃の一条工務店では管理職に上がると、土日祝日勤務は絶対、子どもが大きくなっても運動会などの行事に出たことなんてないという方ばかりでした。それもどうなのかと思い転職を思い立ちました。もっとも、保険会社の営業も始めてみたら、土日もそんなに休めるわけではなかったのですが(苦笑)。

川合　お子さんがいなければ私との出会いはなかったかもしれないのか。それは言い過ぎにしても、お子さんの誕生は人生観、仕事観に影響を与えましたか。

丹羽　それはもちろんですね。第1章でもお話ししましたが、教員免許も持たなかった私が、起業して間もない段階なのに地域貢献で学校のお手伝いをするようになったのは、自分が親になり子どもの未来というものを真剣に考えたことがきっかけでした。自分だけの人生ではなくなった、バトンを渡す人ができた、という感覚を抱きました。働き方も、妻が仕事と子育てをしてくれていることもあり、ワークライフバランスをあまりにも度外視するのは難しくなりました。

川合　ましてやお子さんを3人育てるのは〝無理ゲー〟ですよね。

丹羽　そうですね、本当に妻や両家の親たちに支えてもらって、今の自分の働き方ができていると、感謝しかないです。その分、日々の生活はもちろん旅行などしっかり還元できるように日々努めています。

話を人生観への影響に戻すと、不動産、保険とお客様の資産形成をお手伝いしている身としては、やっぱり大人にも子どもにも「お金のリテラシー」……と言ったら大げさですが、お金を稼ぐことの意味を理解し、資産を賢く作ることへの意識を持ってもらうことが大切だなと感じます。そういった意味では、「金融教育」を若い内から受けられる今のお子さんたちや自分の子どもは羨ましいなと感じます。

川合　丹羽さんは生命保険、資産形成、住宅周りのアドバイス業務を一通りお仕事として経験しているので「ワンストップ」で相談できる。お客様としてはこれほど心強い存在はいないです。

丹羽　そう言ってくださって恐縮です。

川合　2024年2月、日経平均株価がバブル期を上回る史上最高値を更新しましたが、その背景のひとつに年明けから始まった新NISA（少額投資非課税制度）の利用者が急増していることも取り沙汰されています。

日本人の資産形成が欧米と比べてずっと「貯蓄偏重」で経済にマイナスをきたしていたことを考えると、明るい動きではあるんですが、そもそもの話として、若い頃の私たち自身がまさにそうだったように、子どもの頃から「お金」の教育をきちんと受ける機会がない。だから、例えば複利や金利の意味が広く理解されているとは言い難いわけです。

私たちの日頃の営業や、出前授業を通じて「お金」に対する感覚を磨いてもらえると嬉しいですよね。

丹羽　私たちが現場でできることはほんのわずかなことかもしれませんが、資産を作ることに関心が薄かったり、お金に関して凝り固まった考えをしたりしている状況に風穴を開けてみたいですよね。

営業の極意「わらしべ長者ランチの法則」

川合　私と丹羽さんが出会うのは丹羽さんが生命保険会社に入ってから少し先のことですが、転職直後は、保険の営業のあり方に苦悩されたようですね。ハウスメーカーの営業と勝手が違いましたか。

丹羽　とにかく畑が違いましたね。前職の一条工務店は注文住宅業界では強いブランド力もあり、モデルハウスに来場される方は最初から一条工務店の家が欲しいという目的があるわけですね。建てようと思ったことがないとか、絶対に建てないという強い意思があるとか、そういう方はいません。相手から話を聞きに訪れます。

一方、保険の世界はそういうニーズが顕在化していません。そもそもほとんどの人が既に何らかの保険に加入しています。一度加入してしまえば、改めて保険のことは考えないという方がほとんどです。そのため、話を聞いていただくために自分から働きかけなければならない。ここが決定的に違いました。

また、目に見えないという商品の特性上、どんな時に必要になるのかをお客様にイメージしてもらうのがとても難しく感じました。

川合 メリットが即物的ではない。これが商品として保険を売る難しさですよね。

丹羽 さらに私がいた会社は保険の世界では知られた存在ですが、アメリカ発祥の外資とあって、一般のお客様の知名度は高いとは言えません。日本生命さんや住友生命さんといった国内で圧倒的な存在感のある国内資本の会社に比べるとその差は歴然で、その点でも最初のハードルがあって、転職直後は「これは難しいことになった」と悩みました。

さっき川合さんの入社当時を振り返る中で、北海道出身でもなく、「保険の営業を始めた時の道内の知り合いは3、4人しかいなかった」という中、ひたすらお客様同士の紹介を積み上げていったという話があったんですが、本当に信じられないんですよね。

川合 私の場合はかなり特殊なパターン。通常は入社すると、最初は知り合いのところに行く。その次は「マーケット」を与えられる。例えばエリア内の「学校」という括りを決めて、A校、B校、C校に行ってきなさいと営業するみたいな感じですね。ある種、会社が準備するマーケットを与えて、その中で頑張ってもらうっていうのが一般的なやり方ですね。

丹羽　私は普通の育成パターンでした。一定以上の挙績で「マーケット」を与えてもらえるのですが、思ったように成績も紹介も出ずに数か月かかり、結局「マーケット」で活動をする前に川合さんと出会い、退職をすることになりました。

もちろん、普通の新人営業マンでも商談に入る前に紹介の話をして、最後にまた紹介を依頼するといった流れは変わらないのでしょうが、アンテナの張り方が違うのか、例えば3人の紹介をいただくのであれば、絶対に3人分もらうまで終わらないとか、何かが違ったのだろうなと思います。どういう感じで進められたのですか？

川合　私はマーケットも何もなくて自分で切り開いていきましたね。知り合いをどんどん作っていきましたよ。

ルートは3つ。まずは最初に契約してくれたのが銀行に勤めていた大学の後輩。彼と契約するタイミングで「そういえば私と共通の後輩って誰かいたっけ？」という話から携帯番号をバーッと聞いてどんどん広げていきました。

ふたつ目は、私がサッカーの審判員のライセンスを取った時に知り合った後輩。彼はまだ20歳でしたが、勤め先が地元のある市役所でした。そこでまず彼に同期の紹介をお願いした。それこそ全部、何課、何課、何課に誰がいるっていうのを教えてもらって、お昼休みにその課を訪問してアポを取って、夕方に商談するという感じで進めました。

3つ目はある市の消防に勤めている知り合いがいたので、今度は彼に相談し、さらに同期を紹介してもらっているうちに、そこの消防にいる世代をほぼ丸ごと紹介していただけた……といった感じですね。

丹羽　すごいなあ。黄金の必勝パターン(笑)。

川合　「わらしべ長者ランチの法則」というんですが、要は「知り合いの知り合いはみんな知り合い」なんですよね。大学生の時、FC岐阜のインターンを紹介してくださった社会起業家の秋元祥治さんの発案です。

秋元さんの著書『20代に伝えたい50のこと』(ダイヤモンド社)にも書いてあるのですが、ひとり知り合いがいれば、その先の人も知り合いだという論理ですね。「そういえば、彼は最近何やってるのかな」ということを、とにかく聞きまくることで新しい出会いがどんどん生まれてくるわけです。

リーダーとマネージャーの違い

丹羽　いま冷静に振り返ると、川合さんの話もうなずけることばかりなのですが、保険会社に移った直後、なかなか結果が伴わず、ただもがいていましたね。川合さんみたいに紹介でバンバンお客様と出会っていたわけでもなく、お客様にメリットが見えやすく決断のしやすい貯蓄型の保険商品の提案に走っているところもありました。

川合　一方、私のほうは２０２０年４月に保険会社を辞めて、資産形成のコンサルタント会社と保険代理店の２社を兼業しておりました。

丹羽　コロナ禍に突入するタイミングでよくやりましたよね。

川合　本当によく乗り切ったと思います。そして2022年の暮れ、ともに会員になっていた帯広青年会議所の予定者委員会という集まりがあり、その場で、たまたま隣の席に座ったのが丹羽さんでしたね。それが初めての丹羽さんとの出会いでした。

丹羽　同じ「ゆうすけ」という名前から打ち解け、そこから本当にいろんな話をしました。自分が所属している会社で以前管理職をされていたこと、保険営業マンとして輝かしい成績を挙げていること、独立を前に株式会社そらで活躍されている川合さんのことは本当にまぶしく見えました。対照的にその頃の私は暗中模索の時期で、年齢がひとつしか変わらないのになんて人間力の差なんだと、当時感じたことを覚えています。

川合　すごい凹んでいましたよね。そこからわずか2か月後には北海道パートナーズとかちの立ち上げに参画するわけですが、創業の詳しいサイドストーリーはこのあと深掘りするとして、私も丹羽さんも今日自分の力で立っていられるのは、若い時に育ててもらった会社のおかげだと改めて思います。

丹羽　保険会社時代の私は目立った活躍ができず、まさに自分のキャリアで紆余曲折あった時期でしたけど、その時の苦しい経験も含めてその後の自分の価値観、仕事観を形成したと思います。

川合　いま自分が会社を経営できるようになったのは、保険会社時代の後半にマネジメントをする側を経験できたからです。先ほど丹羽さんが私をブルドーザー、ご自身をロードローラーに例えて、だからこそ会社が回っていると評しましたが、若い時の自分はブルドーザーしかできなかった。でも組織を動かすというのは、それだけではできない。

丹羽　きっかけはどういう経緯だったんですか。

川合　20代最後になった頃、営業所で一番の成績を収めていた先輩が急に辞めることになって、自分はこれからどうなるのかなと考えた時、社内で管理職の募集をしていたんですね。それでダメ元で受けてみたら、管理職の登用試験に受かってしまいました。そして釧路の営業所に配属されるのです。

丹羽　すでに道内でもトップクラスの成績だった川合さんだからこそ、その若さで抜擢されたんですよね。

川合　異動先の釧路は当時、人口減少もあって売り上げがどん底でした。それを立て直すために、「川合行ってこい。おまえの営業力ならできるだろう」と当時の営業本部長が言うんですよね。赴任した当初の私は、札幌にいた時と同じように、営業の見込み客をがんがん掘り起こせば売れるだろうって思っていたんです。

でも落とし穴がありました。ベテランの女性の営業外交員の皆さんに総スカンを喰らってしまいました。トップセールスがトップマネージャーになれないということを痛感したのです。

丹羽　何があったのですか？

川合　セールスのリーダーは自分が先頭に立って売るのが仕事ですが、マネージャーというポジションは自分が売っては駄目なんですね。マネージャーの仕事は、自分が売らないで周りをどう売らせるかということを考えなきゃいけない。

丹羽　サッカーで言えば、フォワードとゴールキーパーぐらい違いますものね。

川合　私は当時29歳で、年間の営業獲得成績も144件という、トップで抜けて、しかも北海道の最年少管理職でアサインされてはいました。釧路にマネージャーとして赴任してからも、自分が営業現場に行けば売れることに変わりはないのですが、問題は、部下が誰も付いてこなくなってしまったことでした。

丹羽　どのあたりが部下に嫌われてしまったのでしょうか。

川合　営業の人からすると、売れるっていいことだと思うのですが、管理職が現場にしゃしゃり出てくると、鼻につくんですよね。自分のやり方に自信があるだけに、売り上げにつながらなかった営業先にどんどん入って、自分のやり方でガシガシ食い込んでいく。

そうすると何が起きるかというと、女性の外交員たちから見れば、自分たちなりのスタイルで営業アプローチをしていたところを〝荒らされる〟わけですから、結果がすぐに出るとひがみやねたみを引き起こしかねないわけです。「数字を出せばみんな黙るだろう」とトップセールスの感覚そのままに続けていたら、次第に、私のやり方を覚える新人たちと、自分たちの手法に意地があるベテランさんたちの間で、営業所が二手に分かれてしまったんですね。

丹羽　なるほど、確かに当時川合さんと出会った後、営業所でそのことを話すと、あまり良い印象を持っていない方も数人いましたね(苦笑)。「極悪人」みたいなレッテルというか(苦笑)。ただ、北海道の中でも札幌のような都市部と違って、十勝や釧路のような地縁が濃い地域では、濃密な人間関係の中で作られる関係性が営業でも重要視されると思います。そういう環境の中で川合さんは、良い意味でも悪い意味でも、「記録にも記憶にも残る人間」だったのかもしれませんね。

川合　マーケットがあまりにも低調だと営業拠点の統合再編で営業所自体がリストラの対象になります。実際、釧路のような人口減少が進む地域は他社で撤退したところもあるわけです。

私なりに営業所を守るために仕方なくやっていることもあるのに、理解されない。ただ、営業所を守ろうとしてチームワークが破綻したのは、私自信の勘違いのせいです。同じ管理職でも、リーダーは自分が売る背中を見せて付いてこいっていうタイプ。一方、マネージャーは、売らないで周りに売らせる人間です。私はリーダーとしては優秀だったかもしれませんが、マネージャーとしてはまったく無能でした。

丹羽　だからいま北海道パートナーズとかちでは、川合さんからは保険を売らないようにしているんですね。

川合　はい、社員との適切な距離感を大事にしています。釧路時代のマネージャーとして組織をボロボロにした苦い経験があったからこそ、独立してからの経営に活きていますね。保険会社の管理職は、やってよかったですよ。もし社長業を営業時代の経験だけでやったら絶対会社をつぶすということがよくわかりました。

座右の銘「たった1回しかない人生を……」

丹羽　今の会社になって最初に川合さんの研修を受けた時に感銘を受けた言葉が「たった1回しかない人生を、完璧な保障で思い切り楽しんでもらう」です。正直、保険会社時代に知っておけば、もっと前向きに仕事ができていたのにと思いました（苦笑）。

川合　あの言葉はいま私自身がお客様のために仕事をしている上で座右の銘となっています。人生は誰しも一度切り。終わりは誰にも来るわけです。交通事故で明日突然死ぬかもしれないし、１００歳まで生きて大往生するかもしれない。

でも万一不慮の事態に遭ったとしても完璧な保障があれば、残された家族の生活のことなど後顧を憂うことなくなんでも挑戦できる。結果として充実した人生を送ることができます。

丹羽　私も最近、過去働いていた職場の直属の先輩が、40歳の若さで業務中に亡くなってしまったという経験をしました。改めて、川合さんの座右の銘が強く胸に刺さり、関わったすべての人に保障の大切さを説き、責任の持てる提案をしていこうと思いました。とても良い言葉だと思います。これは、川合さんが思いついたのですか？

川合　保険会社に入社して最初に配属された営業所の中村所長です。これは前にも話しましたように、いまの私自身を作ってくださった恩人であり、営業の師匠です。

丹羽　私もそんな人を上司に持ちたかったなあ。

川合　中村所長は、「人生の目的はなんだ？」「なんのためにお前は頑張っているんだ」と本質を突くような問いかけをなさるんですね。しかもそれだけではないんです。

丹羽　と言いますと？

川合　中村所長は、そうした問いを「常に自分の中で言語化するんだ」と口酸っぱく言われていました。そうすると人生という大きなステージの目標設定が明確になってくる。

ブラッシュアップを重ねるうちに「人生は一度きり……」というフレーズの境地になんとなくたどり着きました。

丹羽　たった1回しかない人生をとことん楽しんでやりきろうという人が増えれば増えるほど、私たちの社会はより面白くなるし、元気になります。

川合　地方は人口減少と高齢化で元気がないとか、もっとスケールの大きなことを言えば、日本は失われた30年で長期停滞しているとか、下を向くような話になりがちです。ひとりひとりが前を向いていけるような下支えを私たち保険屋ができたら、これほど嬉しいことはありません。

第3章

「保険だけじゃない」斬新なモデルに挑戦

MAKING BIG DREAMS
IN THE VAST LAND

起業の背景〜保険業界の「曲がり角」

川合　第1章の終盤で、丹羽さんが「ライスワークとライフワークを本当に良い意味で両立させようとしている」と評してくれたので、この章では、私たちがなぜ株式会社北海道パートナーズとかちを立ち上げたのか、その目指すところなど、ビジネスの側面からお話ししていきたいと思います。

丹羽　川合さんが現在の弊社のベースとなる活動をそら時代に始めたのは、ここまで話してきた通りです。川合さんと初めてお会いした時、私はまだ生命保険会社の営業でしたが、そらでどんな活動をされているのかとお聞きすると、最初は保険代理店の仕事をしていると言われたので、「同じ業種か、青年会議所への入会を保険営業に活かそうと思ったけど、バッティングしちゃったな」と思いました。

ところが「学校に出前授業に行ってるんだよ」と聞いてから、私の頭の中は「いったいこの人は何をやってるんだろう？」とクエスチョンだらけ(笑)。「え？　学校に出前授業？ しかも無償？」って具合に。

川合 自社の保険商品を売ることに日夜汗をかいている営業マンの人たちから見たら、謎すぎますよね（笑）。

丹羽 保険代理店と地域貢献の「二本柱」という活動は、そらの米田社長のアイデアだったんですか？

川合 厳密に言うと、最初に提案したのは私からでした。そらで保険部門の立ち上げができると売り込んで入社して、いよいよ動き出すとなった時、米田社長に「保険だけでは目新しさがないですよ」と申し上げました。

米田さんから「どういうこと？」と聞かれて、これから行政と家庭教育サポート企業を締結して、ふく井ホテルやフェーリエンドルフの職場体験や出前授業で面白い企画の事業をやり始めようとしているから、「きっと先生方には、お役に立てるし喜んでもらえる。それであれば、学校の先生方の保険や資産形成を、〝ついでに〟ご相談も受ける形で広げていきたい」と構想を伝えたら、「それは面白い」とゴーサインをいただきました。

丹羽　なぜ保険だけでやっていこうとは思わなかったんですか。

川合　これは保険会社時代に痛感するようになっていたのですが、釧路時代に管理職を経験してから「保険会社が保険だけを売っていればいい時代は終わった」と感じていました。

丹羽　それは興味深いですね。

川合　保険会社の社員が自社の保険商品を売るのは当たり前です。しかし、生意気なことを申し上げるようですが、お客様の視点から見た時、そうした一社専属のビジネスモデルは難しくなっていると感じました。

当時、マーケットリサーチを含め他社商品の勉強もしておりました。はっきり申し上げて、医療保険では他社の方がいいものがあったり、あるいは年金などの公的な老後保障が先細りしていく現実にあって、資産運用を本格的にしていくなら、保険会社の終身保険だけではなくて、ＮＩＳＡやｉＤｅＣｏにも踏み出さないといけなくなるのは明らかでした。

丹羽　例えて言うと、私たちの祖父祖母の時代は、街中の松下電器(現パナソニック)の小売店だけで、テレビから洗濯機まである程度のものを一通りそろえることができていたのが、時代が変わってメーカーも商品も多角化、高度化しているうちに、お客様は選択肢が増えたわけですね。

川合　もうその通りです。だから今どき家電を買うならヤマダデンキやビックカメラなどの量販店に行ったほうが全部を比較しながら買えるわけです。

丹羽　しかもこの20年、家電も保険もネットを通じてお客様と企業側が直接取引するルートもできましたからね。ある意味、お客様のほうが強くなってきました。もちろん、選択肢が増えたことは情報過多になるので、目利きのできるプロがお手伝いをする余地も出てきているわけですが。

川合　保険営業の現場にいての実感から、やがて保険を売るのも代理店のほうに世の中がシフトしていくんだろうなと感じていました。これは古巣の会社を悪く言っているのではなく、時代の流れを言っております。反面、古巣ではゼロから営業の仕事、保険の素晴らしさを教えていただいたので感謝はもちろんあり、たくさんのことを学ばせてもらいました。だからこそ、一歩を踏み出し、違うステージに自分を置いてみようと思って退社して、会社の枠にとらわれない形でもっと自由に、時代にあったモデルを追求してみようと決意しました。

丹羽　出会った頃の私が、異業種から保険業界に入って勝手の違いやイメージとのギャップに悶々としていたことはすでに話をしましたが、その時、川合さんの話を聞いて「自分がやりたいことってこっちだな」と気づきました。それだけピンとくるものがありました。

話を戻すと、始めてみたら川合さんの思惑通りにことが運んで売り上げも立つようになってきたわけですね。

川合　それでやっぱり独立したくなってしまいました。でも事業のオーナーからしたら普通は嫌がりますよね。例えば年間数千万円の売り上げを持ってくる人がいて、その人を固定の給与で雇っているということであれば、利益は出るわけです。経営者からしたら心強い味方だと思います。

丹羽　でもそこでそらの米田社長がよく快く送り出してくれましたよね。

川合　米田社長は「川合の事業は、会社のためだけではなく地域にとってすごくいいことだから」とおっしゃってくださったんですね。元々、そらという会社が、証券会社や生命保険など大手金融機関出身の3人が集まって、古巣ではできなかった大胆なやり方で新しい事業を仕掛けて地域を元気にしていましたから、私の目指すところをすごくご理解いただけたのだと思います。

それればかりか、独立に際しては出資もしてくださって、今でも「保険事業のことは頼む」と任せてくださっている。だから売り上げの一部を還元して恩返しさせてもらっています。本当に、先に述べた林副社長もそうですが、器の大きな方です。感謝の気持ちしかありません。

ビジネスモデルは、郷に入りて郷に従え

丹羽　川合さんが「保険会社が保険だけを売っていればいい時代は終わった」と痛感されたのが、保険会社時代に釧路で管理職を務められた時だったと話されていましたが、別の角度から話をしてみたいと思います。都市部と地方、あるいは同じ北海道の中でも札幌と、十勝や釧路などのエリアでは、商売の仕方を変えていかないと難しいと思うんですよね。

川合さんの釧路時代の反省として、「トップセールスはトップマネージャーになれない」とマネジメント面の話をされていましたが、それ以外に「そもそもの問題」がある気がしています。

川合　どんな問題でしょうか？

丹羽　人口減少が加速度的に進み、マーケット全体のパイがどんどん縮まっているので

すから、「土地柄」に合わせた営業アプローチをしないと苦戦すると思うんですよね。

川合　確かに、帯広にも釧路にも東京資本の全国チェーンの保険代理店は存在していま す。公務員だとかメーカーだとかある種の〝マーケット〟を決めて知り合いの紹介を重 ねてもらってお客さんを開拓していくという営業は、東京でも札幌でも変わらないんで しょうが、北海道だと札幌の外に出ると、前に丹羽さんが指摘されたように地縁の濃さ が外から見ている以上のものがあります。

ほら、丹羽さんは帯広が出身地なのでよくご存知とは思いますが、この辺りでは保険 にしろ何にしろ〝お付き合い〟という言葉を現場で聞くじゃないですか。

丹羽　昔からよく聞きますよね。

川合　もう〝お付き合い〟が乱用されていると言うくらいです(苦笑)。それで何が起き るのかといえば、東京資本の代理店で経験の浅い営業担当者がノコノコ売り込みに行っ たところで「うちはもう取引先との関係で◯◯生命さん一筋だから、悪いんだけど、 ちょっと協力できないなあ」とあっけなく断られたりするわけです。

保険会社の垣根を超えてまださまざまな商品を売ることができる代理店ですら、そうした壁に直面するわけですから、ましてやかつての釧路時代の私のように、保険会社が直轄の営業所で自社商品しか売り物がないとなると、「なんで成績が伸びないのかなあ」と頭を抱えてしまうわけです。

丹羽　そうそう。しかも不幸なのは、そうした状態がお客様のためになっていないことなんですよね。

川合　〝お付き合い〟を盾にお断りする見込み客の方にどんな商品を契約しているか、食い下がってみると、これが親世代以前の、とても見直しのかかっていない商品に入ったままという方が非常に多いんですね。

丹羽　「保険に入ってから15年も見直ししたことがない」とおっしゃるお客さんと出くわすのも珍しくありませんよね。実際、私自身が営業先で経験したのは、その見込み客の方が契約されていたのが、損害保険系の生命保険だったことです。その会社には申し訳ないのですが、やっぱり保障内容で、生命保険メインの会社の商品力には勝てない部分があります。

川合　だから、地縁の濃い地方だと、真の営業マンが育ちにくいようにも感じています。地縁や風習の壁に阻まれて、そのお客様にとって本来最も必要とされている課題の解決策を掘り出すに至ってないんですね。

丹羽　真正面からの営業アプローチだけでは、その土地の人たちの懐に入り込めない。だから別のアプローチ方法も開発していく必要があるわけですね。それが弊社、北海道パートナーズとかちの場合は、帯広に住み、学校のお手伝いを主にした地域貢献で人脈の裾野を広げていくということに行き着いたわけです。

カイシャもヒトも成長するには?

丹羽　弊社北海道パートナーズとかちは、2023年3月に創業しました。当初は川合さんと私が営業等で前面に出て、経理等のバックオフィスまでを川合さんが手がける2名体制からスタートし、その後、事業の拡大に連れて個性的なメンバーが続々と合流して現在に至ります。

保険代理店の営業の仕事をベースに、人によっては前職で住宅営業や航空会社勤務などそれぞれ得意分野も持ち寄ってお客様が安心して生活できるようなサポートをしつつ、学校を中心とした地域貢献分野の事業にもコミットしてもらっています。

川合　「弊社は個性的なスペシャリスト集団です」という宣伝文句を言っても差し支えないメンバーです。いや、ワガママで誰も言うことを聞かないとも言えるのか(笑)。最初は、丹羽さんの一条工務店時代の同僚だった仲筋純平さんが参加してくださり、続いて私のエア・ドゥ時代の先輩だった嶋村安仁さんが合流。さらに、私の小学校中学校の同級生の野原淳史さんが岐阜でやりたいといって十勝に研修にやって来て岐阜支社を立ち上げる……といった流れで、創業1周年を迎えた2024年3月時点では、アクティブメンバーとして5人のメンバーで活動しています。

丹羽 事業をある程度伸ばしていくには、どうしてもマンパワーが必要です。雇用を作っていくことは会社としての地域貢献にもなると思いますが、改めて川合さんに伺いたかったのは、このメンバーがどうしていいと思ったのでしょうか。

川合 拡大をしようと思うと、誰でもいいから入れるという話になりがちです。しかし、この北海道パートナーズとかちに関しては独特のモデルを作っているので、やはりビジョンや理念などに共感していただけないと、一緒にやっていくのは難しいと思います。

これは私の持論ですが、組織運営は「採用」と「育成」がすべてだと思います。今は事業拡大のタイミングではないと思っています。同じマインドと熱いスピリットを持っている人間を採用して、まず事業の土台を固めていく、その上で大きくなっていったらいいなと私は思います。

丹羽　だからこそ「正しい」方向で努力できる確率が上がるのかもしれません。仲筋さんに関して言うと、実は弊社に入った当時、保険営業の経験はゼロだったので、川合さんに手取り足取りしっかり指導されました。かつての私も住宅業界から保険業界に移った当初、同じ営業でも勝手の違いに苦悩しましたが、仲筋さんも同じように心が折れそうになったことが何度もあったようです。

川合　それが今では、弊社のエース社員と言ってもいい存在になりました。一条工務店時代の知識・経験を活かして住宅アドバイザーも兼務してもらい、保険から不動産までワンストップでお客様の資産形成に貢献しています。

丹羽　プライベートでお子さんが4人いる父親の責任感も大きかったと思いますが、数々の難しい課題から逃げない強さがありました。勉強熱心でファイナンシャルプランナーの資格も取得して、保険の仕事も磨きがかかっています。

川合　彼は、学校で家庭教育サポート企業にかかわる事業のほうでも、先生方からの信頼が厚く、ご支持いただいています。入社して1年も経たない短期間でよく成果を出しました。

丹羽　実際にうちの会社に入りたいという方と面談する際に気をつけて見ているところはどんなところでしょうか。

川合　その人のことは、過去の経験でしか判断や評価はできないと言うのが私の考えです。だから未来のことは、私は基本的に聞かないんですよね。未来のことはどうにでも言えます。ウソをつくこともできます。

新卒採用の場合は、弊社はまだ経験していないのでアプローチは違ってくると思いますが、ここまで経験してきた社会人経験者の採用に限っていえば、どういう考えを持って、今日この場所に来たのか？　例えば過去の成功体験をお聞きしたら、なぜそういう考えに至ったのかということを聞き出すようにしています。いわば、大切なことは思考プロセスだと考えております。

丹羽　それが川合さんの採用基準なんですね。

川合　もうひとつは、うちの会社に入るかどうか、最後の決断は、自分でしてもらうようにしています。入社したら日々の業務も決断の連続ですからね。個人がどんどん提案してきたことに対して、私が「ああしろ、こうしろ」と細かいことはあまり言わないようにするのが基本スタンス。自律的にひとりひとりが動いていくことで組織は活性化していきますから。

丹羽　自分から物事を提案して実行していくには、想定外なことや思わぬ難題に直面したとしても、基本的には、自分で決断して乗り切っていかないといけませんからね。

川合　失敗した時、「川合さんが言っていたから」ではダメだと思います。だから採用の入り口でこのまま進むかどうするか、出処進退は自分の人生の中でも小さくない決断なわけですから、最後は家族でも友人でもなく自分で決められるかどうかも私は見ています。

実際、面談を受けられた方に対して、最後に「ご自身でチャレンジしたいと思うならお電話をしてきてください」と言って、かけてきたら採用するようにしています。

丹羽　自分で決断して動けるメンバーが集まっていると、予想もしていなかった面白いことが起こりますよね。

川合　先ほど出てきた野原さん。私の出身地の岐阜に北海道パートナーズとかちの岐阜支社を立ち上げたいというのは、さすがに驚きました。そういうわけで立ち上げの準備で北海道と岐阜を行き来するようになり、四苦八苦していますが、岐阜で「北海道パートナーズ」の旗を立てたら、どんな反応があるのか今から楽しみです(笑)。

優しくなければ仕事はできない

川合　私が採用面接でどこを見ているか尋ねられましたが、逆に丹羽さんは、どんなところを見ているんですか？

丹羽　空気を読めるかどうかを大事にしていますね。例えば我々面接官が3人いて、入社希望者がひとりというシチュエーションだとしましょう。そういう時、我々3人に対して気をつかえているのか、言葉遣いをはじめ、社会人としてのマナーを心得た話をしているのか、その場で一緒にいるからこそ、わかることがありますね。

川合　空気を読むことを重視している理由について、もう少し具体的に言うとどんなところでしょうか。

丹羽　人間誰でも、自分が話したい内容を、自分の好きなタイミングで話したい、という希望が心の中にあると思います。それを時には自制し、相手の状況を思いやって話を組み立てられるか、という点を重視しています。現状の弊社の規模感だと、保険営業と並行して、地域貢献事業で学校の先生方としっかりコミュニケーションを取ることが求められます。学校という場においては、特に必要な能力と考えています。

川合　普通の営業と、先生方とのコミュニケーションはどの辺が特に違うのでしょうか。

丹羽 保険営業に焦点を当てて考えると、「北風と太陽」みたいなものかなと思います。

例えば普通の保険営業の場合、目の前にいるお客様自身やご家族への保障のお話になることが多いと思います。入り口がテレアポや紹介なので、保険屋さんとして会っているからですね。その場合、「北風」のようにガツガツとしたコミュニケーションでも、お話を聞いていただけることも多いと思います。

一方、先生方は、とても忙しいことに加え、ご自身のことよりも、学校や子どもたちのことを第一に考えておられる方ばかりです。とても素敵なことである反面、保険のことなんてよく考えたこともないし、自分なんて別に大丈夫です、という方も多いです。

川合 確かに。そんな中で、いきなり保険屋として営業をしても、嫌われるだけですね。

丹羽 そうですね。来店型の業態でもない限り、基本的に保険の話を聞きたいという人は少ないと思いますが、加えて採点・評定・部活動などなど、日々忙しい状況の中、保険の話を積極的に聞きたいと考える先生はまずいないと考えます。そのような学校という場では、「北風」でいては良くないと思います。

川合　むしろ、保険の話なんてしないほうが良い場所、とも思えてきますね。

丹羽　はい。それにより昔から学校には限られた民間業者しか出入りしてこなかった。しかし、それこそが私が憂慮している点です。学校に携われば携わるほど、忙しさゆえに、最初に話をしてくれた保険会社にとりあえず加入し続けている、内容は理解していない、という先生方がとても多いことを実感しています。大切なお金の話ですので、そういった状況はあまり好ましいとは思えません。これは下心なく本心から言っています。

川合　なるほど、丹羽さんの言いたいことがなんとなくわかってきました。先生方のためにも、持っている金融情報を提供することが責務だと感じるが、提供する機会を創り出すことも難しい環境、ということですね。

丹羽　おっしゃる通りです。なので、先述の「保険会社が保険だけを売っていればいい時代は終わった」という川合さんの言葉、私も本当に同じ考えなんです。自分で感じている責務を果たすためには、「太陽」の役割で、先生方自身に必要性を感じてもらうことが大切だと感じています。そのための入り口が出前授業や職場体験などで構築される関係性である時もある、と考えています。

川合 ありがとうございます。少し仕事観の話にもなってきましたが、採用の基準に話を戻すと、丹羽さんとしては「保険営業」と「地域貢献事業」どちらもバランス良くできる人材を、ということでしょうか。

丹羽 そうでした、少し熱くなってしまいました(苦笑)。はい、端的に言えば、保険営業マンとして自分の都合や利益だけしか考えることができない人は弊社には入らないほうが良いと思っています。単純に続かないと思いますし、先生方に保険を売るだけの会社ではありませんので。

地域や教育など、もっと広い視点を持ちながら〝空気が読める人材〟というのが、私が見ているポイントでしょうかね。

川合さんのほうで人材に関してほかに注意していることはなんでしょうか。

川合 大前提として人をコントロールすることはできません。ただ、メンタル面、ビジネス面で成長できるかどうかは本当にその人次第なので、特に採用の時点で見極めなければなりません。潤沢に資金のある大手と違い、地場の会社なわけですから、採用がすべてを決めると言っても過言ではありません。

丹羽　なるほど。

川合　お客様のご要望をしっかり聞いて、事業をやらせていただいて、距離が近くなったところで「保険の話を聞いてください」と言う流れはシンプルです。ただ、そもそも保険営業の仕事が簡単ではないです。契約を預かることができなければ、給料だって出来高の分はゼロになって最低金額になってしまいます。

丹羽　その点は厳しい世界ですからね。自分から動いていかないとお客様は増えていかない。

川合　でも、「自分の家族のために頑張りたい」「お客様のお金の不安を解消したい」といったように強い前向きな気持ちがある人であれば、基本的には採用したいですね。なぜなら、私たちはいいことをしている自信があるので。

丹羽　私からも「そもそも」を申し上げると、学校からこれだけいろいろお声がけをいただける民間企業って普通はないですものね。

川合　それだけで大きなアドバンテージがあると考えます。だから「保険は保険」「地域貢献は地域貢献」と分けて考えるのではなくて、両方とも大事なんだということを、学校はじめ関わる方に、しっかり理解していただければと思います。

あとはあえてもうひとつ言うと、心が優しい人だからこそ、１００％のＦＯＲ ＹＯＵができると思います。お客様の悩みに気づき、寄り添う、その姿勢が大切だと思います。

丹羽　昔の米国の探偵小説で「強くなければ生きていけない。優しくなければ生きている資格がない」という有名なセリフがありますが、なんかしっくり来る感じがしています。

川合　私たちの営業の世界に置き換えると、「稼げなければ生きていけない。優しくなければ仕事をしている意味がない」という感じでしょうかね（笑）。
その一例としてご紹介したいのが弊社のコンプライアンス関連を担当している嶋村安仁さんです。優しい方です。

丹羽　先にも話しましたように、元々はエア・ドゥ時代の川合さんの先輩で、弊社の取り組みに共感してジョインされたんですよね。

川合　嶋村さん、コンプライアンス関連の視点から、学校の出前授業ではSNSのセミナーを企画してくれました。「こういう使い方は危ないよ」といったことを啓発しているんですが、これが子どもの目線になっていて、とてもわかりやすい。先生方にも好評で感謝いただいて、私自身が授業の様子を聞いても、やっぱり〝優しいからこそ仕事ができる〟のだなと感じています。

私たちが仕事で大切にしていること

丹羽　社員の成長に関して話をしてきましたが、私たちマネジメント側にも心に留めおくことがあると思います。川合さんが以前、地域メディア（北海道通信）の取材に対してお話ししていたことが印象に残っていたのですが、この本の読者に向けて、改めてお話しいただけますでしょうか。

川合　「仕事において大切にしていること」は何かと聞かれたのですが、営業と経営はまったく違うものだと考えています。といっても先ほどリーダーとマネージャーの違いは何かという観点で話をした内容そのままではありませんが、関連しています。

丹羽　保険会社時代、道内でトップセールスの成績を収めていた20代後半の川合さんが管理職の昇格試験を試しに受けたら合格して、釧路の営業所に配属されて初めて部下を持った時に失敗した経験談ですね。

川合　はい。それまでの感覚で部下たちの現場に介入してしまい、総スカンを喰らいました。セールスのリーダーは自分が先頭に立って売るのが仕事なのに、マネージャーというポジションは自分が売っては駄目だという話です。
この話を深掘りしてみます。最前線に立つ「営業」と、後ろで指揮を執る「経営」側は、売り上げを立てて組織を成長させていくという大きな方向性は一緒ですが、それぞれの役割において見ている風景が違うことをわきまえていかないといけません。それぞれの目標設定を誤ると、最悪の場合、若い頃の私のように組織崩壊のような致命的な事態もあり得ます。

丹羽　川合さんが考える、営業と経営それぞれが目指すものの違いはなんでしょうか。

川合　営業側はノルマがあったり、「あなたは今月、何件の契約を獲得したから営業所で2番目でした」といったように数字や目標と日々格闘します。さらにそうした短期的な目標に加えて、将来自分はどうなりたいとか、そのためにこれから何をしていくべきか逆算して日々の活動に落とし込んでいきますよね。

丹羽　では経営側に求められることはなんでしょうか。

川合 一歩離れたところにいるので、そうした数字の比べ合いに自分が身を置くのではなく、メンバーの数字を管理することに徹するべきです。組織が小さいと、経営側がプレイングマネージャーになることもあるので、ついつい現場介入したり、いいところを見せようとしたりしますが、プレイヤーとしての部分最適はチームとしての全体最適とは限りません。

丹羽 スポーツの世界で監督兼選手が難しいことと通じますよね。プロ野球ヤクルトで古田敦也さんが選手生活の晩年、監督を兼任されていた時、「代打オレ」が話題になりましたが、ビジネスのプレイングマネージャーも現場に出るのは要所でいいと割り切らないと難しい。

そう考えると、古田さんの師匠、野村克也さんが監督兼任で捕手、4番打者をやっていたなんて今の野球では想像もつかない凄まじいことだったんだなと。

川合 初めて管理職になった時の私は、選手と監督の役割分担もよく考えずに自分の試合に出まくって失敗しちゃったわけですね(苦笑)。

ただ、私がサッカーをやっていたがゆえの見方かもしれませんが、野球における監督と選手の関係は上下が強い一方、サッカーのほうは、グラウンドにおける選手たちの裁量が大きいようにも感じています。経営と結びつけて考える際はその点が浮かんでしまいます。

丹羽　野球は、ここはバントだとか細かく指示は出しますが、サッカーはその相手ディフェンダーを抜くのにドリブルかパスか瞬時の意思決定は選手個人によりますものね。

川合　元サッカー少年のマネジメント観かもしれませんが、「経営」とか「営業」といった立場や役職は、会社というチームにおいて「役割」に過ぎないんだろうなと思います。
一方で、スポーツの監督とビジネスの経営が共通するのは、チームにとってネガティブな問題があったら、とにかく徹底的にそれをなくす努力をしなければなりませんよね。ネガティブ要因の徹底排除をすることがマネージャーの仕事だと思います。サッカーだって新しい選手が入ってきたら、それまで阿吽の呼吸でできていた連携プレーが機能しなくなる。だからミーティングや練習でしっかり確認するわけです。
会社も同じことで、メンバーが増えたら人間関係が複雑になるので、経営側は現場から一歩離れたところから、ちゃんと機能するように維持向上していかないとなりません。

丹羽　そのためにはどうすればいいのでしょうか。

川合　いま述べたように「ネガティブ要因」を瞬時に感じ取り、問題を排除することです。その上で重要なのが、組織としての方向性を明確にし、強烈な理念を共有しておくことですね。北海道パートナーズとかちでは「地域に根ざし、地域の皆様に愛される代理店」を理念に持っています。迷った時こそここに立ち返り、なぜ、うちの会社は保険営業と学校支援の地域貢献を両立させているのか考えるようにしています。それがメンバーにとって、お客様ファーストを貫く際の物差しになると思います。

地域に人材をシェアして還元

丹羽　十勝地域にも大手資本の保険代理店をはじめとしてライバルは多々おりますが、

通常の保険業界の感覚からすると弊社の活動は常識外でしょうね。保険代理店と地域貢献が同じ柱になっていて、それでいて学校での出前授業や職場体験は無償だと聞いたら卒倒しちゃうかも(笑)。

川合　もちろん保険の営業は基本的に厳しい世界ですよ。営業獲得がゼロの月があったら固定給のみしか支払われないのですからね。ストレスやプレッシャーも普通の営業の仕事より多いかもしれない。

でも月に5件でも、契約をお預かりすることができたら、この世界ではもうトップセールスです。だから契約が順調な月などは、ぶっちゃけて言うと〝暇〟な時間も多いんです。

丹羽　その境地や技量に達するまでには努力しないといけないですが、業界の外から見ると、できる保険営業マンの人たちの知られざる事実かもしれません。

それでも普通の売れてる営業マンなら早めに自身の基準を達成したら、残りは流し気味に過ごしちゃうでしょうね。出前授業でサッカーの授業に地元の社会人チーム、スカイアースから選手を講師として呼んだりとか、人脈があっても、忙しい先生方の代わりに調整業務を引き受けるのはそれなりに労力も要るので、「なんで自分がここまでするんだろう」と思ってしまうかも。

川合　私たちは先生のためになるのであったら、多少の面倒は厭わないんですよ。「地域に愛される」という理念を最初からマインドセットしていますし、そこを共有しているメンバーが集まっていますから。

むしろ、年々業務過多になって時間もない、出前授業に割けるお金もないという、私たちと真逆の状態になっているのが学校の先生じゃないですか。調整業務だって自分たちの人脈からつないだりしているだけですし、自分たちの持っているリソースを動かすだけでめちゃくちゃ感謝されるんですよ。私たちがやらないで誰がやるんですか、と思うくらいです。

丹羽　ここ何年か人口減少に悩む地方が、働き手を確保するひとつの方策として、東京と地方など複数拠点で生活する優秀な人材の存在に注目したことがありました。ひと頃流行ったシェアリングエコノミーの潮流を背景に〝人材のシェア〟と言われていましたが、わざわざ東京の人を引っ張ってこなくても私たちのような人材が地元にいるという話です(笑)。

川合　そうそう。青い鳥は遠くに行かなくてもすぐ隣にいるんです。ただ、企業がカゴの中に青い鳥を四六時中囲っていては地域のニーズにお応えする機会がない。「シェア」という言葉に乗っかるのであれば、私たちの働く時間をうまく地域の学校にシェアして学校だけではできない企画を実現していると言えるのかもしれません。

丹羽　それは私たちだけではなくて、出前授業の講師に来てくださるその道のプロフェショナルの皆さんもそうですよね。

川合　サッカー教室に来てくださるスカイアースの選手も、食育授業でカボチャのモンブランを提案した阿坂シェフも、皆さんはご自身のことは謙虚にされていて、民間のプロにとっては「当たり前」だと思っていることがあっても、学校の子どもたちや先生からしたらテレビドラマの中に出てくるような「ものすごい」人たちですよ。

だから私たち保険屋も時間の何割かを学校運営のお手伝いに割いて、授業を思い切り充実させる。余裕ができたお金や時間を地域のために、還元したらいいんですよ。大都市ではなく、住民の地縁が残る地方であれば、保険代理店以外の業態でも再現性があるはずのモデルだと思うので、どんどんやっていただきたいですね。

ＣＳＲともＮＰＯとも違う地域貢献

丹羽　ここまでの弊社の活動モデルの振り返りをお読みになった読者の中には、もしかしたら「ＣＳＲ」を学校支援という形でやっているだけじゃないかと思ったかもしれません。

川合　丹羽さん、難しい言葉を知っていますよね。ＣＳＲ？　そういうオシャレな横文字は苦手です(笑)。

丹羽　ＣＳＲとはコーポレート・ソーシャル・レスポンシビリティの頭文字を取ったも

ので、ウィキペディアによると「企業が倫理的観点から事業活動を通じて、自主的に社会に貢献する責任」という概念のことを言うとのことです。

ＣＳＲの一環として社会貢献活動は盛んに行われていて、トヨタ自動車が国内外で森林保全活動をやるような大規模なものもあれば、身近なところでは、北海道コカ・コーラボトリングのように、札幌で社員が大学生たちと一緒に除雪作業を手伝うといったものもあります。私の古巣、一条工務店では、将来予想される大津波に備えて、会社の地元である静岡県に全長約17・5キロメートルの巨大防潮堤工事へ参画、３００億円を寄付しました。

川合　なるほど。確かに企業による社会貢献という文脈でみると、弊社の学校支援の取り組みは〝ＣＳＲ〟だと思われるかもしれませんね。北海道が２００６年、全国的にもかなり早い段階で、企業を学校運営に巻き込む家庭教育サポート企業等制度を始めて、その後、２０００を超える企業に協力が広がっていった背景には、企業側に社会的責任を求める動きが大きかったのかもしれません。

でも、弊社の地域貢献事業が、ＣＳＲなのかと言われると、私の中で違和感もあるんですよね。

丹羽 なんかわかる気がします。微妙にそこじゃない感(苦笑)。

川合 何度も言いますが、弊社サイトで業務内容を説明しているように「保険」と「地域貢献」は同格の「二本柱」です。CSRって、それこそトヨタさんの森林保全のように社会貢献の色が強くて本業の車づくりと結構な距離感がありますよね。もちろん、自動車会社として環境保全に配慮しているという社会的使命が前段にあるのでしょうが。

丹羽 私たちの取り組みは、学校支援は無償でやらせていただく。それも全力で。その上、必要であれば保険や資産運用などの相談においても、プロとして対応しますので、どうぞ全力で使い倒してくださいという気持ちです。ふたつの柱を別個のものとして位置付けているわけではないですからね。

川合 そもそも難しいことを考えて活動していませんからね。私たちの学校支援・地域貢献は心から楽しくやっているだけです(笑)。自分たちは空いた時間を有効に使って出前授業や職場体験のお手伝いをする。超忙しい先生たちの手助けになる。プライベートでお金や資産のことでお悩みがあればこちらも真摯に相談に乗っている。どちらかというと、ＣＳＲよりも、昔の近江商人の「三方よし」と言われるほうがしっくりくるかなと思います。岐阜出身ですが(笑)。

丹羽　「売り手よし」「買い手よし」「世間よし」ですね。まさに！

川合　ＣＳＲの3文字が出てきたついでに、ＮＰＯ法人との違いも強調しておきますね。コミュニティスクールができて学校運営に地域が参加する流れにあって、出前授業の企画や外部講師の手配、教材やプログラムを開発するところで、ＮＰＯ法人や一般社団法人などの非営利団体が積極的に参加するようになっています。

コーディネート業務など先生たちのできない部分を外部の力を使って、子どもたちに充実したプログラムをお届けする取り組みが増えていること自体は素晴らしいです。ただ、私たちのような株式会社が、ＮＰＯや一般社団法人と違うのは利潤を明確に追求していることです。

丹羽　だからこそ活動の原資を確保しやすいですよね。ひとつ例を挙げると、幕別町の白人小学校に「チロッター」という地域住民の方々で構成される学校サポーター組織があります。図書館業務や防災紙芝居の読み聞かせ、校内の教材園の草取りなどの活動をしているんですが、当然収入源はありません。ある時、学校に川合さんと伺った際に、活動に使う〝のぼり〟や消耗品など、いろいろ環境を整備したいという気持ちがあることをお聞きして、弊社から3万円ほどの寄付がその場で決まりました。あまりの決定の早さに、先方も驚いていました。

川合　株式会社としては「たった3万円」かもしれませんが、非営利の小さな組織だと負担感が出てしまうので予算を調整したり、新たに寄付をお願いしたりといった形で、〝のぼり〟一枚作るのにもちょっとハードルと感じてしまうかもしれない。

何よりも、目の前にいる人たちが3万円で本当に喜んでいただけるのであれば、進んでお出ししたいですよ。効果があるのかわからない広告費に30万円を使うよりもよっぽどお金を出す意義があります。

丹羽　学校現場では、マンパワーが解決するお悩みもあれば、お金が解決するお悩みもあり、スピード感のある意思決定、お金を使う余力、この辺りは日頃利益を追求している株式会社ならではのポイントかなと思います。

川合　もうひとつ大事な視点があって、利益を追求しているということは、関係者の皆さんと利害関係ができます。利害関係というと、何か悪いことのように受け取られがちですが、頼み事がある時に円滑に物事が進みやすくなる面もあります。

例えば職業体験や出前授業に協力してくださった講師や企業は、日頃お取引を通じて深い関係性ができている。だからこそ、学校のお手伝いの時に協力をお願いして実現しやすくなります。

丹羽　なるほど、私もそう思います。改めて我が社の事業モデルって、他にありそうで微妙になかった感じがますますしてきました。

第4章

やり方さえ正しければ東京より稼げる！

MAKING BIG DREAMS
IN THE VAST LAND

帯広・十勝での生活の魅力

川合　この本の序盤で、私たちが拠点にしている帯広・十勝の魅力を、丹羽さんにさわりだけ紹介してもらいました。改めて、この土地の魅力を話していきたいと思います。

丹羽　はい。「十勝晴れ」という言葉に象徴されるように年間を通じて晴れ渡る日が多く、日高山脈のところで雨雲の動きが止まることもあってカラッとした気候に恵まれている、というところはお話ししました。

川合　そういえば丹羽さんはここ以外に住んだところは、学生時代に下宿した札幌だけでしたっけ？

丹羽　そうなんですよ。東京も旅行でしか行ったことがないので、そことの比較はできないですが、札幌との一番の違いはやはり晴れの日の多さですね。札幌も日本海側の都市では全国的にも日照時間が多いほうなのだそうですが、帯広や十勝はそれを上回っていて、毎年のように道内で太陽が出ていることが最も多いエリアです。

川合　岐阜出身の私のような人は、北海道に住む前は「北海道の冬といえば雪景色」というイメージが強いんですが、札幌はそれなりに積もりますけど、十勝は雪が降る日が思ったほどは多くないんですよね。だからこの美しい景観自体が観光資源になります。日高山脈、大雪山、阿寒摩周の3つの自然公園もあって、いずれも絶景が広がります。

丹羽　あと、もう水も食べ物も本当においしいですね！　気候に恵まれているから、農産物も豊か。じゃがいもは全国の約3割の生産量を誇り、とうもろこし、小麦など、寒暖差があるので旨みが増して全国的にも評判がいい。やっぱり地元で採れたての時に食べるのは最高の味わいです。

大学進学から10年程度札幌に住んでいましたが、「自分の子どもを育てるなら絶対地元に戻りたい！」と思っていました。

道外出身の川合さんから見た魅力はどの辺でしょうか？

川合　私は肌が弱いので、都会に行くとアトピーが出てしまうんですが、出張から戻ってくると、アトピーが消えるんですよね。

丹羽　空気もきれいですが、水でしょうかね。

川合　そうです。モール温泉に入ると本当にきれいに消えるんです。モール温泉は植物由来のアルカリ性の温泉で、かつてはドイツと日本の十勝地方にしか湧かないことで知られていました。

丹羽　本当に肌がツルツルになりますよね。

川合　釧路や函館など海沿いの温泉にも行ったことがありますが、海に近いところの温泉はやっぱり塩っ気が多いですよね。でも内陸にある山系の温泉は水質がトロトロしていて、肌が弱い自分にはそっちのほうが合っています。

丹羽　ちなみに、子どもたちの職場体験授業で話に出てきた、ふく井ホテルは帯広駅前にあるというのに、自家源泉の掛け流しでモール温泉の大浴場があって根強い人気なんですよね。

川合　いい仕事をして汗をかいたあと、モール温泉につかった時のリラックスは何ものにも代えがたいです。素晴らしい環境で生活をしながら、しかもお金を人一倍稼ぐことができたなら、本当に贅沢だと思います。弊社だけでなく、帯広・十勝への移住はお勧めできます。

丹羽　しかも物価が都会より明らかにリーズナブルですからね。例えば保険の仕事で同じ金額を稼ぐにも、東京と帯広では可処分所得が明らかに違いますからね。

川合　人によって欲しい額面は違うと思いますが、帯広に住んでしっかり仕事を確立させられたなら、稼げる金額による可処分所得は、間違いなく東京の2倍、3倍くらいの感覚だと思います。住んでいる家も安くて広い。引っ越してくるだけで〝賃上げ〟となり、手取り倍増も夢ではないです。

十勝の弱点？〝モンロー主義〟が生む情報格差

川合　そんな魅力的な環境の十勝で、仕事も生活もしている私たちですが、この土地で商売をしていくにも社会貢献をしていくにも、やっぱり克服すべき課題があります。そのあたりは地元の皆さんも自覚しています。〝十勝モンロー主義〟というものですね。

丹羽　なるほど。モンロー主義とは、19世紀に米国のモンロー大統領が欧州の国々と互いに政治干渉しないと掲げた外交方針のことです。米国が独自の外交路線をとる時、モンロー主義が引き合いに出されますが、ここから転じて、十勝の人たちの自治意識が伝統的に根強く、住民間のヨコのつながりが固すぎて、良くも悪くも地域外の人が入りづらい構造のことを言うようになりました。

だから商売でも「よそから入ってきた業者は長続きしない」と昔から言われていました。実際、私自身も父親から「モンロー主義みたいなところはあるね」と聞かされたことがありますね。

川合　地縁が強すぎることは弱みにもなります。よそ者が入れなくなることで、外にある新しいノウハウといった情報が入ってくることが難しくなるわけですね。

丹羽　前の章で話をしていた、15年も保険を見直ししたことがないというお客様のケースはまさにそれですね。

川合　そうなんです。〝お付き合い〟を理由に契約した方が多くて保障内容を見せていただいたら、その方の条件には明らかにもっとピッタリな保険商品が他社にあったりするわけです。でも地元でお世話になっている方からの依頼で契約していたため、他社に乗り換えるのが難しいと打ち明けられることもしばしばあります。

しかし、十勝の皆さんのご信頼を得て一度ネットワークの中に入ることができたら、何か難しいことが起きても互いに助け合って乗り越えることができるんですよね。出前授業や職場体験でさまざまな方たちが協力してくださって、学校だけでは決してできなかったプログラムが実現できているのもその賜物です。

丹羽　だからこの土地でビジネスをやっていくには、まずは地縁の中に自分たちから溶け込まないといけないわけで。私たちが出会った帯広青年会議所へ入会したきっかけもそういった背景からでした。何かチャンスをつかみたいという想いももちろんありましたけどね。

川合　バリバリの地元出身経営者が居並ぶ帯広青年会議所で、丹羽さんがよそ者の私と知り合って一緒に会社を立ち上げたわけだから、違う形でチャンスは確かにありましたよね（笑）。

丹羽　本当ですね（笑）。それにしてもインターネットが世の中に普及して30年近く経ち、私たちが子ども時代だった20世紀終盤と比べても、情報量が飛躍的に増えたというのに、地方にはいまだに良くも悪くも障壁があって、情報格差があることを思い知る機会にもなりました。

川合　そうした障壁を越えていくには、私たちのように現実社会での努力で地域のインナーに食い込んでいくのも重要ですが、デジタルの力で外から情報や知識を豊富に得ている若い世代が風穴を開けていくことにも期待しています。

丹羽　そうですよね。アナログの時代は、物を売る側に圧倒的に情報がありましたが、ＳＮＳやＹｏｕＴｕｂｅを使えば、お客様のほうも負けないくらいに情報を得て、選択肢をたくさん持てるようになります。

　このあたりのメディア環境の変化は、私自身が学校の中に入るようになってから実感するところで、中学生くらいになると先生たちよりも知っていることが多いと感じる場面をよく目にしました。

川合　人材育成や教育という観点でもそのことはしっかりと認識しておかねばと思っています。例えば子育て。すでに３人のお子さんを育てている丹羽さんほどの知見はないですが、基本的に、私は社員と話す時も、学校で子どもたちと接する時も、年下の人間のほうがはっきり言って優秀だと思っています。

　子どもたちはすでにウェブを通じて膨大な情報や知識に触れられる。何か特定の分野については私たちよりも詳しくなっています。ということは既存の教育の中で、先生や大人が話をしても、つまらなかったり響かなかったりするわけです。

丹羽　でも知ったつもりになる盲点はありますよね。

川合　だからこそ直接的で良質なコミュニケーションってやはり絶対必要なんですよね。子どもたちには、自分たちがよく知っている世界とはまた違う観点を、リアルの社会の中で肌身で感じてほしいですね。職場体験や出前授業で先生や地域の大人、友だちと語り合い、知らなかった世界に触れてみることは有益だと思います。

やり方さえ正しければ東京より稼げる！

丹羽　改めて私たちの拠点エリアのマーケット環境を振り返ると、帯広市は２０２３年12月末時点の人口が16万２４６０人で、前年同期より１５５４人も減りました。帯広の人口は２０００年の約17万３０００人をピークに減少に転じており、十勝毎日新聞によると、この減り幅は平成以後では過去最大だったそうです。

川合　人口減少はどうしても日本中の地方が抱えている宿命ですから、この問題ばかりは避けて通れませんね。

丹羽　ただ、減り幅が大きいと言っても、20年以上かかって1万人しか減らずに済んだという見方もあります。同じ北海道でも財政破綻したことで知られる夕張市では、炭鉱の閉山が強く影響し工業エリアの衰退を原因とした減り幅のほうが大きかった。この点、帯広など十勝地方は農業が基幹産業なので、まだダメージが少なかったとの指摘もあります。

川合　恵まれた自然を生かした農業と観光があるだけに、十勝地域のポテンシャルはまだまだあります。出前授業の会場でお借りした中札内村のグランピングリゾート「フェーリエンドルフ」では、近年いわゆるワーケーションの取り組みを始めました。東京のビジネスパーソンの方々が夏場に十勝に長期滞在して、緑豊かな自然の静かな環境にあるコテージでテレワークをするなんて、ストレスフリーな働き方じゃないですか。

丹羽　そうしたマーケット環境にポテンシャルを見出しつつ、定住している私たちとしては、ここまでお話ししたように、保険と学校支援による地域貢献というふたつの本業を組み合わせる独自のモデルを展開し、それを実現するために地域のネットワークに溶け込んでいく活動をしてきました。

ビジネスの手法の話はしてきましたが、今度伺いたいのはスピリットの部分です。川合さんがこの土地で成功するためにはどんな気持ちを持つようにしていますか。

川合　心からこの土地を愛することに尽きますね。そうでないと、地元の皆さんに「こいつは本物じゃない」と見抜かれてしまいますよ。営業先で「帯広ってどんなところがいいと思う?」と聞かれたら、「じゃがいもの甘さが全然違っておいしい」と答えたり、出身中学校の話題が出たら、「あれ、〇〇中学校出身ですか?　あの付近だと〇〇って店があって、すごくいい場所ですよね!」と言ったり、あいさつとして「晴れた日は空が高くて本当に気持ちいいですね」と言ったり……。息を吐くように、そう言えないといけない。

また、「あそこのお店はおいしいですよね!」「あそこに新しい新店舗がオープンするんですよ!」と帯広・十勝が好きだからこそ、出てくる新鮮な情報があります。岐阜出身のよそ者だけにそのことはいつも肝に銘じています。

丹羽　それは十勝で生まれ育った私でも同じです。東京や札幌をはじめとした大きな都市への進学を機にここを離れ、社会人になってもそのまま戻ってこない若者が多いのが実状です。私自身も札幌にずっと住むつもりでした。ですが、子どもを育てるという視点に立つと、十勝のきれいな空気や水、おいしい食べ物や温かい人たちなど、とにかく魅力しかないことに気づき、ふるさとへの愛というものを再認識することができました。

弊社のメンバーは皆この土地を愛しています。まちおこしをするためにはそうした気持ちを持っていることが絶対に大事です。出前授業などで学校に出入りする私たちのように、「十勝が好きだから働いているよ」という大人の姿を子どもたちに見てもらうことで教育的な効果も高いのではないでしょうか。

川合　ただ郷土愛は前提であって稼ぐためのモデルを作るには、地域の人たちの懐に入り込むコミュニケーションが必要です。その中で皆さんの心に刺さるには、ニーズを見極めるための仮説を考えることも重要です。

学校支援の地域貢献事業は、株式会社そらに入社して保険事業を立ち上げた際、もうひとつ他社がやっていない取り組みをやろうと提案して始まったものでした。

丹羽　どんな仮説を立てたのでしょうか。

川合　当時はコロナ禍の2年目。学校に出入りする人たちを制限していたため、地域のつながりが相当絶たれているのではないかと想定しました。その上で自治体の教育長の皆様、校長先生との意見交換などを通じて、仮説通りの事態になっておりました。その反面、人事異動がコロナ禍でも容赦なくありました。

つまり、地域とのつながりを持つベテランの先生がいなくなり、何も知らない先生が新任校に赴任する。出前授業やキャリア教育をしたい！　と思っても、外部講師を確保する人脈がなくて苦労している様子が浮き彫りになったという次第です。

そうして学校のお手伝いを全力でさせてもらって深いつながりができたのだと思います。

丹羽　仕事での取引先のように、利害関係がある間柄ですら、一時的につながりが絶たれましたもんね。学校という場所ではさらに拍車がかかってしまっていたのには納得です。そんな中で、無償での講師の派遣や各種調整業務、場合によっては必要経費を支援するといった活動のニーズがあったわけですね。

川合　でもその経費だって、はっきり言って大したことないんですよ。〝学校サポーター への寄付〟もたった3万円。小学校の野外体験授業で火起こしをしたいという企画の時は7、8000円じゃなかったかな。バスを出してほしいと言われた時が一番お金かかりましたけど、それでも数万円程度のことです。先生方や子どもたちにめちゃくちゃ喜んでもらえるなら、全然安いと思っていますし、こうして得る信頼は、お金では買えないものだと思っています。一番問題なのは、予算がない中でもこうした経験をさせてあげたいがために、自腹を切ってでもやっている志のある先生がいることです。

丹羽　志のある現場の先生方は本当にご苦労されております。少しの支援で喜んでもらえるならという気持ちでやっておりますが、まさに「プライスレス」な価値がそこにあると感じています。実際に学校の先生とコミュニケーションを取っていく中で、お金や資産の困りごとをご相談いただくことも多いので、いろいろな意味で教職員の方々のサポーターとなれているのかなと実感してます。

川合　やり方を間違えなければ東京より稼げるっていうのは、まさにそういうところです。地域のつながりがあり、その地域にみんなが誇りを持ち、愛しているので、そうしたところに、単なる〝お付き合い〟で魅力がない商品を買ってもらうのではなく、市場価値のあるしっかりとした商品やサービスを提供する。この流れが一気通貫となった時、大輪の花が咲くのだと思います。

地方の人材育成は東京と決定的に違う！

丹羽　ビジネスモデルの話はしてきましたが、地方で事業を拡大させていく上でどうしても難しいのが人材の問題ですね。

川合　東京だと働き方が多様化して契約社員、派遣社員などいろいろな勤務形態があると思いますが、地方だとそもそも人が多くないので採用するのにも苦労するし、せっかくスキルを身につけたのに辞められると会社のダメージが大きくなってしまいます。

丹羽　地方で人を雇う難しさや大変さを初めて痛感されたのは、川合さんが保険会社在籍時、釧路で初めて管理職をされた時ですか？

川合　まさにその通りです。そもそも釧路は帯広よりも厳しい状況でした。90年代前半には人口が20万人を超えていたのが、炭鉱の閉山などもあって急速に減少して16万人台に。農産業が堅調だった帯広が２０００年の17万人をピークに緩やかに減っていったのとは対照的で、とうとう２０２０年には、釧路の人口が帯広を下回ってしまいました。

当時いた会社の中でも「地方の人事は採用がすべて」と言われていましたが、一定の採用数を維持しないといけなかったので、東京の本社から毎月のように指摘を受け、胃が痛かったです。

丹羽　それは大変ですよね。本社と現場の板ばさみですね。人が少なくなれば、売り上げも上がらないからその支社が受け持つエリアの成績も落ち込んでいきます。

川合　特にプレッシャーだったのは、29歳で管理職登用された一発目のミッションとして、営業所そのものの命運がかかっていたことです。営業所には、事務員の人件費、家賃、光熱費がかかります。大企業の場合、本社が地方営業所の受け持つマーケットに将来性がないと判断すれば、一瞬で営業所の閉鎖、統合、廃止につながります。そうなると仕事を失う人たちも出てくるわけなので、なんとかそれだけは避けたい一心でした。

丹羽　採用の数をキープするのも大変ですが、人材の質も維持しないといけないのがつらいところですね。

川合　保険の営業はここまで話してきたように、たとえ他業界で輝かしい営業経験がある人にとっても生やさしいものではないし、誰にでもできるというわけではないです。優秀な人材でも育つまで時間がかかります。

実際、独立して自分の会社に入ったメンバーでも、その人が保険の営業にアジャストするには半年か1年かかる可能性があります。丹羽さんのようにすぐ売れる人は多くないですし、実際アジャストできず辞めてしまった社員もおりました。

丹羽　いえいえ、私だって苦労しましたもの（苦笑）。私はセイコーマート勤務時代にアルバイトの採用しか担当してこなかったので、この際、川合さんにそもそもの人材戦略を聞いてみたいのですが、どういう考えを持って臨んでいるのでしょうか。

川合　人材は、やっぱりある程度しっかりと時間を確保しながら、愛情を持って育てていくというプロセスを踏まなきゃいけません。だからこそ誰でも彼でも会社に入れていいということではありません。

　ましてや弊社のように、地域貢献業務もやっているとなると本業で二足のわらじを履くようなものですから、会社の理念やビジョンに共感してもらえるかが俄然重要になってきます。

丹羽　育成面ではどのようなことを基準にしているのでしょうか。

川合　地域密着の事業モデルなので、基本は「土着」がキーワードです。よそ者の私が地縁に入り込むためには、これまで話してきた通り、しっかりとこの土地に住み、好きにならなければなりません。

でも、しっかりと住み、帯広青年会議所や学校などで、やるべきことにしっかりとコミットしていれば、つながりを含めて誰かしらが助言をしてくれます。地域のことについてわざわざ教え込まなくてもいい。そうした人の優しさが帯広・十勝の魅力のひとつかもしれません。

丹羽　弊社の社員である仲筋純平さんがまさにそんな存在ですよね。彼は帯広出身で、私が以前勤めていた一条工務店での同僚であり、縁があって弊社に入社しています。一条工務店で勤務する前は帯広で消防士として勤務したというユニークな経歴も持っています。

川合　帯広の大正地区という、じゃがいも、だいこん、長いもの農産地が地元で、地域のために本当に一生懸命やってくれています。仲筋さんであれば、営業先から「帯広ってどんなところがいいか？」と聞かれてもよどみなく、実感を込めた返しができます。地域に溶け込む営業はこれが大事で、自分で稼げるようになって、まさに〝生え抜き〟エースとしての働きぶりを体現してくれています。

丹羽　プロ野球でもＪリーグでもホームにしている地域で生まれ育った選手が活躍したほうが、地元ファンの思い入れも強くなります。一方で、４番打者やエースストライカーのような軸となる選手がその組織にいない時は、外部から即戦力を取ってくることもあるでしょう。そのあたりの考えはいかがでしょうか。

川合　その点は繰り返しになりますが、外から入ってくる人には地域愛と会社の理念やビジョンへの共感を深く持ってもらえるかですよね。それがないとどうしてもではないですが、うまくいきません。

人材のところで失敗すると、組織が傾きかねません。働く側も雇う側も、ともに覚悟が求められると思います。

強力な支援者を得るには「ホウレンソウ」が大切！

丹羽　今回の本は北海道以外で、私たちの街と同じように人口減少などの社会課題に直面している地域でビジネスをしている、あるいはこれからしようと考えている方々もお読みになっているかもしれません。

ほかの地域でも似たところはあると推察しますが、地縁に溶け込んでいくための努力が大事というのは、何も営業先の開拓だけの話ではありません。ステークホルダー（利害関係者）の存在抜きに語ることができません。

川合　日頃から丹羽さんにもよく言っているように、強力な〝支援者〟があってこそ私たちは思い切って活動できています。いつも感謝の心を忘れてはなりません。

では私たちにとっての強力な〝支援者〟は誰かといえば、各自治体の教育長の皆様です。ここは北海道の教育行政システムが他と異なるがゆえに重要性を増しているという側面もあります。

丹羽　私も詳しくなかったのですが、解説をお願いします。

川合　内地の場合、東京であれば教育行政の体制については東京都教育委員会があって全体を見ており、そこから各自治体の例えば千代田区や武蔵野市といった市町村の教育委員会があるわけです。あるいは、私のふるさと岐阜県なら、岐阜県教育委員会があって、各自治体の岐阜市教育委員会、羽島郡二町教育委員会（岐南町、笠松町）などがあるといったような形です。

これが北海道だと、あまりに広すぎるんで（笑）、北海道庁自体が行政を14の区域に分けて振興局を置いています。北は宗谷総合振興局、東に根室振興局、中央に来て私たちの十勝総合振興局といったように。そしてそれぞれの振興局の管内に教育局があります。

丹羽　つまり、14の各地域ごとに権限が下りているので教育行政のキーパーソンがいらっしゃるということですね。

川合　その通りです。私たちのところは十勝教育局が、1市16町2村の教育委員会を取りまとめていて、弊社北海道パートナーズとかちは、家庭教育サポート企業として提携させてもらっています。

提携といっても、特別に何かの便宜を図っていただいているわけではなく、教育行政をそれぞれ統括する教育局長、各市町村の教育長に伺った時に私たちができることを説明し、ニーズを聴いて提案することがベースです。大事なのはいいアイデアを思いついたとしても、それを実行するための運び方ですよね。

各自治体の教育長と方向性で一致すれば、次は校長会に展開していただいて、現場の考えをお聞きしながら内容を具体的に詰めていく。このフローは絶対にやるようにしています。

丹羽　その後も実は肝心なんですよね。

川合　はい。繰り返しになりますが、一民間企業が学校に入らせてもらうというだけでも大変貴重な機会をいただいているわけです。当然、どんなことをやって、学校や子どもたちの反応はどうだったのかという結果については、必ず教育長や各学校の校長先生にもご報告することを徹底してきました。

丹羽　アフターフォローを疎かにしてはなりませんよね。

川合　その通りです。やりっぱなしは絶対にダメです。反省を共有しないと、意味のある改善もできませんからね。お礼と報告ついでに「他の地域ではこんなこともやっているんですが」と話が展開していくと、「それ、うちでもやりましょうか」という話が出たりすることもあるのです。ここまで話した通り、ただでさえ学校現場は忙しいので、他の地域の情報が入りづらくなっております。教育長、学校長、現場の先生とのコミュニケーションをしっかり取ることで次のチャンスが生まれてきます。だから弊社のメンバーには「必ず報告だけは絶対やれ、連絡・相談を絶対にやれ」と徹底するようにしています。

丹羽　地方ではキーパーソンとなる方の存在感って本当に大きいですよね。

川合　超重要です。地方の共同体は良くも悪くも評判が伝わるのが速いし、だからこその怖さがあるんです。それでもトップの方としっかりコミュニケーションを取って日頃から信頼関係を醸成できれば、仮に「この会社は怪しいんじゃないか」と言われることがあったにしても、変な風評が広がりすぎることはないですしね。

丹羽　よく「地方を変えるのはよそ者、若者、ばか者」といった言葉が言われるように、斬新な企画を仕掛ける人たちがいて、地元やメディアの話題になることがあるじゃないですか。一時的にワーッと盛り上がるけれども、長続きしないことがあるのは、関係者の皆さんへのアフターフォローが足りないからだと思うんですよね。

川合　まさにその通りです。私たちはベンチャー企業であるからこそ、勢い任せにするのではなく、事前・事後の根回しを含めてきちんとやらなければいけないのだと思っています。派手に瞬間風速を吹かせるよりも、地道に持続可能性を追求していけるかどうか。そのためにもやったことをひとつひとつ整理しながら、きちんとお伝えしていきたいと考えています。これが地方で信頼を勝ち取る方法かと思っております。

帯広・十勝には可能性がまだまだ眠っている！

丹羽　ここまで川合さんと弊社・北海道パートナーズとかちの取り組みについて話をしてきました。自分たちの振り返りになっただけでなく、私たちと同じように地方の街で新しい可能性を掘り起こして地域の課題を解決しようとしている方々に少しでも参考になれば幸いです。

最後にこれからの展望について川合さんとお話しできればと思います。

川合　地域に愛される保険代理店を作るために、地域の悩みを聞き、それを解決することを継続していくことはもちろん、この本では「大きな夢づくり」と題していることもありますので今後、私たちがやりたいことを話していきましょう。

まずは私たちの会社のことから。いまの私たちの活動の原型を作った株式会社そらに在籍中、出前授業でどんなことで協力できるか最初に教育長のところへ伺った際に提案したのが、金融教育でした。保険会社に勤務経験があり、資産形成に知見のあるプロから「お金の授業」ができますとお伝えしたことでした。私たちは「お金」を扱うプロとして、子どもたちや先生方のお手伝いができればと考えています。

丹羽　日本人の資産の半分以上が現金の貯蓄です。ユーロ圏の人たちで約3割、米国人は約1割ですので、資産形成における「貯蓄偏重」の問題がずっと言われてきました。国単位でお金が回らないと、景気が良くならないだけでなく、個人レベルでも損をしてしまいます。複利や金利の概念を理解していないと投資信託で資産を増やす発想ができなくなったり、住宅ローンを組む際に損をしたりしますからね。

このあたり、日本人は世界的に豊かだった割に金融リテラシーが高くないからだと昔から言われていましたよね。近年、高校の家庭科にお金の授業が導入されましたが、もっと早く学ぶチャンスがあったほうがいいでしょう。

日本財団が18歳を対象に行った教育に関する意識調査（2024年3月発表）では、義務教育期間にもっと学んでおきたかったことは何かという問いに、「生きていく上で必要なお金に関する知識や能力を身につけること（金融リテラシー）」を挙げた人が最も多かったそうです。

川合　地方だとその悩みはおそらく大人も含めてより深刻ではないでしょうか。ただ、地方では「心が裕福」であるがゆえに、こうしたお金の問題を話すことがある意味タブーな風潮があります。でも、その意識は変えていかなければなりません。

これからの子どもたちが生きるこの社会では、「お金を稼ぐ」ということをしっかり大人が伝えていかなければならないと思います。自分がそうでしたから。お金があっても幸せになるとは思いません。でもお金がないと一瞬にして、不幸になります。これは私が人生で学んだ最も大きなことのひとつかと考えております。

丹羽　そのためには知識や情報が行き渡るように、私たちがさまざまな壁を取り払っていきたいですね。

川合　先に述べたように、新しい情報がまったくおりてきていない地域でもありますので、我々が選択肢となってお客様に有益な情報提供ができれば幸いです。

出前授業・職場体験の運営を通じて親しくなった学校の先生から、保険や資産のことでご相談を受けると、先生たちでも個人的に悩んでいる方が多く、引き続きお役に立ちたいと思います。

私たちは、保険屋さんとして「お客様のたった1回しかない人生を、完璧な保障で思い切り楽しんでもらう」をテーマに、日々募集活動を行っていきますし、これからも変わらない活動だと考えております。

丹羽　さらに新しい展開について進行中のものや将来的にやりたいことがあれば、ご紹介ください。

川合　ここまで話してきた事業を軸とした上で、私は十勝の可能性を最大限にできる「新規事業」を、地域の方々と立ち上げたいと思っております。

具体的には一般社団法人帯広青年会議所でＳＤＧｓのことを学び、フードロスについて関心を持ちました。昔から「残さず食べなさい」と親から指導を受けてきて、食べ物を残すことはあまり好きではありません。

一次産業が最も強いのは間違いないでしょうが、規格に合わなくて出荷されなかった「ハネ品」や市場に出回らない農作物が有効活用しきれていない現実もあります。

丹羽　そうですよね。実際私自身も、有志で立ち上げた団体で子ども食堂を開催しており、ハネ品を料理に使用したり当日お配りしたり、さまざまな活用方法を模索しております。

川合　先日、私も参加しましたが、本当に子どもたちが喜んでいる姿を見ると嬉しくなります。

食にこだわるのは、十勝が日本の食料基地としての存在感が大きいからです。北海道の全農地の約2割、日本全国の約6％とされる広大な敷地で、じゃがいも、小麦、長いも、にんじん、枝豆などの逸品で知られています。帯広・十勝は日本だけでなく、世界に誇る食糧庫として将来性も十分にあることは私から言うまでもないでしょう。

丹羽　基幹産業としての農業、職があるからこそ十勝エリアは人口減少の波に直面しても踏みとどまれてきたのです。

川合　ヒト、モノ、カネがないと何もできないと一般的には言われますが、帯広・十勝にはそのすべてがそろっていると思います。やれること、やりたいことがあふれるこの街には可能性しかないと考えております。

丹羽　一方で、大きな夢を描くためには持続可能にしなければなりませんよね。第3章でも話したことですが、正しいお金の知識を身につけ、大人になってほしいというのは私たちの願いですが、まずは私たち自身が、選ばれる会社となるよう、しっかりとビジネスを確立させなければなりません。

川合　だからこそ自分にできることは、どこまでいっても株式会社として利益を上げ続けることだと思います。株式会社として、営利を求めていくことにこだわっていきたいと思います。営利を求めていかなければ、本当に必要な時に支援というものはできませんから。

丹羽　私たちのチャレンジはまだ始まったばかりですが、モチベーションの源泉は子どもたちの真剣な眼差しと笑顔です。「十勝でイノベーションを起こす企業を考えてみよう」という触れ込みで、幕別中学校の3年生が半年近くをかけて起業プランを考えて発表する20コマの大型企画を担当させてもらいましたが、子どもたちや若い人たちが描いた夢が実現するような地域になれるよう、微力ながら貢献したいと思います。

川合　アップルの創業者スティーブ・ジョブズは生前、「創造力とは、いろいろなものをつなぐ力だ」と語っていたそうです。イノベーションは掛け合わせから起こります。最高級の素材やパーツを組み合わせた事業を帯広で確立させることができたらどれだけ面白いか、わくわくすることばかりです。地域の方々の期待をとても感じているからこそ、仲間とともにやりきりたいと思います。

丹羽　学校の支援活動と保険営業の改革という思いがけない組み合わせが、これまでになかった活力をこの地域にもたらすことができれば、望外の喜びです。実際、ここまで事業自体は堅実に広まってきましたから、はっきりとした展望は持てていると思います。

川合　すぐにすべてはできないかもしれませんが、帯広・十勝が魅力あふれる街となり、世界に向けて素材を発信できる街となれるよう、今できることをしっかりとやっていきたいと思います。

帯広・十勝を世界へ発信する――そんなことを夢見ながら、しっかりと地に足を着けた事業を展開していけたら、この土地にひとつ恩返しができるのかなと思います。

おわりに

私は今、ふるさとで働くことができていますが、少し前までは想像もしていませんでした。

大学進学のタイミングでふるさとの帯広市から札幌市へと移り住みました。当時19歳の私にとってはとてもキラキラしていた街でした。利便性もとても高く、将来帯広市に帰るということは自然と考えなくなっていました。

そんな私が再びふるさとに戻ろうと思ったのは、自分自身が親になるタイミングでした。祖父母にもすぐ会えるような環境で、子どもにのびのびと育ってほしい、と同郷の妻と話し、約10年ぶりにふるさとへ戻りました。

はじめは不便なことも多かったですが、暮らしていくうちに、晴天の日が多く、水も空気もおいしいことなど、一度離れたからわかるふるさとの魅力を再認識することができました。

そして、自分を育ててくれた親へ感謝するように、ふるさとに恩返しをしたいという気持ちが芽生えました。

教育現場での地域貢献活動を通じ、これからのふるさとを守っていく子どもたちへの学びの機会の提供と、それを支える教職員の方々のお手伝いをすることで、私なりにふるさとへの恩返しができていると考えています。

携わっていくうちに、改めて現場の教職員の方々は大変なお仕事をされているのだと感じます。例えば、読書感想文の宿題を出すと、今の子どもたちはAIを使用して作成することもできてしまいます。自力で書けるようになるため、AIの使用を禁止する指導が必要かもしれません。しかし、何年か経ち、AIをうまく活用することが当たり前となった際には、使い方を学校で教える必要も出てくるかもしれません。
このように目まぐるしい変化への適応を、教職員の方々は求められます。しかし、教職員の方々だけが迫られるのではなく、地域に根ざした多くの民間企業が学校と連携し、ともに教育の担い手となることができるような社会になっていってほしいと強く願います。

民間企業にとっては持続可能かどうかの視点も重要だと思います。「地域」や「未来」という大きく広い視野を持つことができる個人や企業には、「ファン」や「サポーター」となってくれる方が必ず現れると私は考えます。
それは、需要側・供給側がともに「お化粧」ができない、地域貢献というフラットな場だからこそ、予期せず発生する効果なのだろうと思います。

本書をお読みになり、子どもたちへの学びの機会の提供に一歩踏み出そう、とひとりでも多くの方々に思っていただけたら幸いです。

最後に本書を出すにあたり、私たちの取り組みに快くご支援くださった各自治体の教育長、各学校の先生方、保護者、関係者の皆様全員に改めて厚く御礼申し上げます。

丹羽祐介

Yusuke Kawai

川合佑介

（かわい ゆうすけ）

株式会社北海道パートナーズとかち
代表取締役

1987年9月10日、岐阜県岐阜市生まれ。岐阜県立長良高等学校卒業後、教員を目指し北海道教育大学岩見沢校に進学。大学1年生の時に休学をし、当時JFLに所属していたプロサッカーチームＦＣ岐阜へインターンシップをし、マネージャー、営業を経験。2007年J2へ入会後、大学へ復学し、サッカーの1級審判員を目指して活動するも不合格。大学卒業後は㈱AIRDO、外資系生命保険会社、㈱FPパートナーを経て、帯広の㈱そらへの転職をきっかけに帯広・十勝へ移住。生命保険代理店の設立業務にあたり、部門を引き継ぐ形で2023年3月㈱北海道パートナーズとかちを設立。

（一社）帯広青年会議所 ジェネレーション開発委員会 副委員長として、青少年育成事業にも携わる。

Yusuke Niwa

丹羽祐介

（にわ ゆうすけ）

株式会社北海道パートナーズとかち
営業本部長

1988年4月27日、北海道帯広市生まれ。帯広市立柏小学校、帯広市立第四中学校、北海道立柏葉高等学校と地元で育ち、2009年北星学園大学への進学をきっかけに札幌へ移住。卒業後は（株）セイコーマートへ入社し、SVとして店舗運営を学ぶ。その後、不動産管理会社、（株）一条工務店、外資系生命保険会社と、営業職としてサラリーマン経験を積む。子どもが生まれることをきっかけに地元の帯広市へ戻り、（一社）帯広青年会議所への入会を通じて川合と出会う。2023年3月に㈱北海道パートナーズとかちの創業へ参画した。人材採用をはじめ、帯広・十勝の学校での出前授業・職場体験の内容構築・調整を担当。創業1年目で60を超える事業を企画した。

（一社）帯広青年会議所の一員として61年の歴史があるおびひろ氷まつりの運営に携わる他、有志で別団体を立ち上げ、子ども食堂を定期開催するなど、地元帯広・十勝への地域貢献活動を軸に営業を行っている。

ひろい大地で、大きな夢づくり

民間企業が十勝の子どもたちのためにできること

川合佑介《かわいゆうすけ》／丹羽祐介《にわゆうすけ》 著

2024年 5月15日 初版発行

企　画 新田哲史
装　丁 村田江美
校　正 株式会社東京出版サービスセンター
編集協力 菅野徹／若林優子

発行者 横内正昭
編集人 岩尾雅彦
発行所 株式会社ワニブックス
〒150-8482 東京都渋谷区恵比寿4-4-9えびす大黒ビル
ワニブックスHP https://www.wani.co.jp/
（お問い合わせはメールで受け付けております。
HPより「お問い合わせ」へお進みください）
※内容によりましてはお答えできない場合がございます。

印刷所 株式会社 美松堂
製本所 ナショナル製本

定価はカバーに表示してあります。

落丁本・乱丁本は小社管理部宛にお送りください。送料は小社負担にてお取替えいたします。

ただし、古書店等で購入したものに関してはお取替えできません。

本書の一部、または全部を無断で複写・複製・転載・公衆送信することは
法律で認められた範囲を除いて禁じられています。

©川合佑介／丹羽祐介 2024
ISBN 978-4-8470-7453-0